MIX
Papier | Fördert gute Waldnutzung
FSC® C002795

Originalausgabe
1. Auflage

Max-Brauer-Allee 34, 22765 Hamburg
migo im Verlag Friedrich Oetinger, Hamburg

Lektorat: Steffi Korda, Büro für Kinder- und Erwachsenenliteratur, Hamburg
Umschlaggestaltung: Antje Warnecke, nordendesign
Satz: Sabine Conrad, Bad Nauheim
Druck und Bindung: Livonia Print SIA, Jūrkalnes iela 15/25,
LV-1046 Riga, Lettland
Printed 2022
ISBN 978-3-96846-094-9

www.migo-verlag.de

Dr. Wladimir Klitschko
und Tatjana Kiel

Wil, der Wolken-Stürmer,

und der Traum vom Fliegen

Mit Illustrationen von
Max Beindorf

migo im Verlag Friedrich Oetinger · Hamburg

Die Welt von morgen und der Traum vom Weitergeben

Seit Jahren bringen wir Erwachsenen bei, wie sie die Methode *FACE the Challenge* in ihrem Leben, sowohl privat als auch beruflich, anwenden können. Sie ist der Wissenstransfer, um die im Boxring gelernten Lektionen an Sie weiterzugeben: FACE ist eine Brücke zur Bewältigung von Herausforderungen und basiert auf vier Schlüsselkompetenzen (Focus, Agility, Coordination und Endurance, dt. Ausdauer) für mehr Willenskraft, die stärkste Kraft im Leben. Sie lässt Träume wahr werden.

Wenn wir aber wirklich etwas bewirken wollen, müssen wir heute versuchen, diejenigen zu erreichen, die die Welt von morgen gestalten. Das sind unsere Kinder. Doch wie machen wir es Kindern leicht, ihre persönlichen Stärken zu finden, Willenskraft zu entwickeln und eigene Entscheidungen zu treffen? Wir brauchten eine spannende Geschichte und interessante Charaktere, denen im Alltag herausfordernde Dinge passieren. Das Ergebnis liegt nun vor Ihnen. In diesem

Buch zum gemeinsamen Vorlesen geht es also nicht darum, Kindern zu sagen, was sie denken sollen, sondern wie sie denken können. Es geht nicht darum, wovon sie träumen sollen, sondern wie sie ihre Träume in die Realität umsetzen können. Wie das klappen kann, lesen Sie in unserer Geschichte von Wil und dem Fliegen.

Es ist uns beiden eine Freude, Ihnen dieses Buch präsentieren zu dürfen.

Viel Spaß beim Lesen!

Dr. Wladimir Klitschko

Tatjana Kiel

Wil und seine Freunde

Frieda

Wils Adlerfreundin lebt in einem Greifvogelpark unweit von Wils Zuhause. So majestätisch, wie sie sich mit ihren großen Schwingen in die Lüfte erhebt, so klar ist ihr Geist. Ruhig und mit wenigen Worten verliert sie nie das Ziel aus dem Blick – und sei es die tägliche Sprotte auf Wils Fensterbank.

Avanti

Die Leopardenkatze gehört nur sich selbst. Wild und frei streunt sie durchs Viertel und taucht da auf, wo man sie am wenigsten erwartet. Sie ist ein Profi darin, blitzschnell Gelegenheiten zu erkennen und zu nutzen. Avanti ist ganz und gar keine Schmusekatze: Zu Menschen hält sie stets Abstand und bleibt lieber für sich.

Chop-Luey

Der goldene Panda wacht freundlich über die Glückskekse. Vielleicht auch über das Glück? Sein goldener Schimmer berührt das Herz und lässt denjenigen lächeln, der sich die Zeit nimmt, genau hinzusehen. Entspannt und mit großer Wärme teilt er sich auf Wegen mit, die keiner Worte bedürfen.

Ezki

Der kleine Honigdachs wohnt in Wils Nachttischschublade. Aber er ist nicht nur Untermieter, sondern auch der beste Kumpel an Wils Seite. Sein Lieblingsplatz ist Wils Kapuze. Dazu ab und zu ein frecher Spruch und ein kleiner Zwick – Ezki weiß, was er will! Hartnäckig sorgt der schwarz-weiße Dachs für seine tägliche Ration Honig, gute Laune und den nötigen Biss.

Wil

will Pilot werden, wenn er mal groß ist! Er träumt vom Fliegen, ganz hoch, bis über die Wolken. Als sein Traum sich in ein Ziel verwandelt, wird klar, dass wünschen allein nicht genügt. Nur durch einen starken Willen werden aus watteweichen Wolkenträumen handfeste Abenteuer. Und aus dem fröhlichen Träumer wird ein Herausfinder, Durchhalter und Nicht-Unterkriegen-Lasser.

Janne

Wils Freundin hat alles im Griff. Sie hilft Oma im Restaurant, hat ein Auge auf Chop-Luey, und wenn Wil mal wieder überquillt vor lauter Ideen, behält sie den Überblick und legt erst mal eine Liste an.

Wils Mama

und Wil sind ein super Team. Mama arbeitet viel und hat wenig Zeit, aber ein riesengroßes Herz. Nicht nur für Wil, den Spülmaschineneinräumer, sondern besonders für Wil, den Träumer.

Burak und seine Gang,

das sind die Checker vom Prezel. Mit ihren Skateboards flitzen sie immer ein bisschen zu nah und zu laut vorbei, spielen sich auf und halten sich für die Größten.

Der Prezel

Wil wohnt in der coolsten Wohnung im ganzen Block. Im allerhöchsten Haus ganz oben. Von hier aus kann man richtig weit schauen, bis über den Wald und noch weiter. Wenn unten vor dem Haus schon die Lichter angehen, kann Wil aus seinem Fenster noch die Sonne sehen.
»Wir wohnen in den Wolken«, sagt Mama immer, aber das stimmt nicht ganz. Die Wolken sind noch weiter oben, unerreichbar weit.

Wil lehnt an der Fensterbank im Kinderzimmer. Unten vor dem Haus erkennt er Burak und seine Gang. Sie fahren Skateboard. Wenn Wil den Daumen ausstreckt und ein Auge zukneift, kann er Burak einfach dahinter verschwinden lassen. Von hier oben ist der glatt kleiner als Wils Daumen! Sogar das ganze Chinarestaurant an der Straßenecke verschwindet dahinter.

»Was ist unten los?«, fragt Ezki, der kleine Honigdachs, und krabbelt aus seiner Schublade. Er dreht den Schirm seines Caps nach hinten, stellt sich auf die Hinterbeine, streckt sich und reibt sich über den schwarzen Bauch.

»Burak und die anderen fahren Skateboard«, antwortet Wil und bewegt den Daumen hin und her. Burak, kein Burak. Restaurant, kein Restaurant.

Ezki flitzt über das Bett, klettert flink auf den Schreibtisch, stellt sich auf Wils Lineal und wackelt mit dem Po. »Ich bin der nice Burak ... Willst du wissen, warum ich so ein krasser Typ bin? Weil ich's kann!«, ahmt er Buraks Stimme nach und breitet die Arme aus, als würde er über den Schreibtisch skaten.

»Tss«, macht Wil und dreht sich zu Ezki um. »Mama kommt erst in einer Stunde. Frühestens.« Er seufzt und lässt sich rückwärts aufs Bett fallen. Sofort sprintet der kleine Dachs los und landet auf Wils Bauch. »Du hast doch mich!«, sagt er leise und stupst Wils Kinn mit seiner kleinen, schwarzen Nase an.

»Stimmt«, sagt Wil leise zurück.

Ja, zum Glück hat er diesen frechen, wunderbaren Honigdachs. Als sie damals hierhergezogen sind und Wil niemanden kannte, sich von vorn bis hinten fremd fühlte in der Schule, der Wohnung und dem restlichen Leben, da hatte der kleine Nachttisch mit der Schublade einfach in seinem Zimmer gestanden. So, als habe ihn jemand zurückgelassen, nicht mehr gebraucht oder einfach vergessen. Wil mochte das Tischchen sofort und hat es behalten. Als er es öffnete, um ein Buch über Flugzeuge hineinzulegen, kam plötzlich ein kleines, schwarz-weißes Köpfchen zum Vorschein. Und seitdem ist Ezki bei ihm.

»Und, was wollen wir machen?«, fragt das schwarz-weiße Köpfchen jetzt.

Wil streicht Ezki über den Rücken.

»Wir könnten was essen«, schlägt der Dachs vor.

Wil schüttelt lachend den Kopf. Dann pikst er Ezki in den schwarzen Bauch. »Du Vielfraß!«

Ezki kichert, nimmt Anlauf und springt auf den Schreibtischstuhl. Er stößt sich mit dem schwarzen Füßchen vom Schreibtisch ab und dreht sich mit dem Stuhl um die eigene Achse. Nach ein paar Umdrehungen lässt er sich auf den Boden gleiten. Ein wenig schwindelig taumelt er von links nach rechts.

Wil steht auf, schließt das Fenster und geht zum Regal. Er nimmt sein Lieblingsflugzeug, hebt es in die Luft und lässt es durchs Zimmer fliegen. Wenn er es direkt vor das Fenster hält, kann er sich vorstellen, es flöge in den Wolken.

»Oh nein! Nein, auf keinen Fall! Wir spielen nicht schon wieder mit den Flugzeugen!«, schimpft Ezki. Seine Knopfaugen funkeln. »Dann gehen wir lieber runter. Von mir aus auch zu den zwei Monstern, aber wenn ich schon wieder fliegen spielen muss, zieh ich um!«

Wil sieht ihn an. »Wo ziehst du denn dann hin?«, fragt er unbeeindruckt, legt aber seufzend das Flugzeug zurück ins Regal. »Na komm, gehen wir runter«, sagt er und bückt sich, damit sein kleiner Freund auf seine Schulter klettern kann. »Aber vorher müssen wir noch die Spülmaschine ausräumen, sonst kriegt Mama die Krise.«

»Okay, und wo wir dann sowieso in der Küche sind, essen wir gleich was!«, freut sich der Dachs.

Unten, das ist der Prezel. So nennen die Leute den Platz zwischen den Hochhäusern, dem Café Italia, dem Chinarestaurant von Frau Liu und dem kleinen Supermarkt.

Als Wil aus der Tür tritt, steckt er die Hände in die Bauchtasche zu Ezki und wärmt sich ein wenig an dessen Fell.

In dem Moment kommt Burak auf seinem Board angesaust. Er rast geradewegs auf Wil zu und dreht erst im letzten Moment ab. »Hey, Bro, was geht?«, fragt er grinsend.

»Hallo, Burak«, murmelt Wil.

Jetzt sind auch Buraks Freunde auf Wil aufmerksam geworden, und zu viert fahren sie in einem so engen Kreis um ihn herum, dass er gezwungen ist, stehen zu bleiben. Feixend düsen sie haarscharf nicht über seinen Fuß.

Wil versucht, in seinem Hoodie zu versinken, und vergräbt seine Hände tiefer in Ezkis Fell.

»Wil, mein Freund, da bist du ja!«, ruft Lorenzo in dem Moment vom Café herüber, pfeift kurz und laut und macht dazu eine Handbewegung, als wolle er eine lästige Fliege verscheuchen.

Sofort lösen Burak und seine Gang den Kreis auf.

»Ey Mann, alles cool, wir machen nur Spaß!«, ruft Burak mit erhobenen Händen. Dann geben die Skater lachend Gas und sausen in Richtung Garagenhof.

Lorenzo verdreht die Augen. »Ragazzi! Komm rein, mein Freund.«

Um diese Zeit ist nicht viel los im Café. Hier leben die zwei »Monster«. In Wirklichkeit sind das Hunde. Sie gehören Lorenzo, genau wie das Café mit den vier runden Tischen davor. Obwohl Tran und Vasto groß und schwarz sind, haben sie mit Monstern ungefähr so viel gemeinsam wie ein Goldhamster. Wil erinnern sie eher an zu groß geratene Schmusekatzen.

Ezki bleibt vorsichtig und verkriecht sich tief in der Tasche von Wils Hoodie. Wil hingegen kniet sich zu den Hunden. Sie liegen neben der Tür in einem Korb, der fast so groß ist wie Wils Bett. Während er den beiden die Bäuche krault, verschwindet Lorenzo hinter der Bar.

Wil mag den schummerigen Innenraum des Cafés. Überall hängen Bilder von Italien an den Wänden. Am schönsten findet er eines, auf dem man das Meer bis zum Horizont sieht und darüber einen blauen Himmel mit Wölkchen, die aussehen wie ausgezupfte Watteflusen.

»Bitte sehr!« Lorenzo strahlt und stellt ein kleines, silbernes Tablett auf den Tresen. Darauf stehen wie immer zwei klitzekleine Gläschen mit Apfelsaft. Wil rappelt sich auf und nimmt sich eins der Minigläser. »Danke!«

Sie prosten sich zu und trinken gleichzeitig den Saft. Dann zwinkert Lorenzo Wil zu und schiebt das Schälchen mit

den Nüssen über den Tresen. Wil nimmt eine Nuss, dreht sich um und tut so, als ob er sie in den Mund stecken würde, bevor er sie unauffällig in der Hoodietasche verschwinden lässt, wo schon jemand ungeduldig darauf wartet.

Erneut hockt Wil sich neben das Riesenkörbchen und krault die Schmusekatzenmonster, während Lorenzo Gläser abtrocknet.

»Schau mal, ich habe neue Tischdecken bestellt.« Stolz zeigt der Italiener auf einen Karton neben dem Tresen.

»Schön, aber ich mochte die alten«, sagt Wil und zuckt die Achseln.

Irgendwann rumort es so sehr in seiner Tasche, dass er es nicht mehr ignorieren kann. »Ja, ja, ist ja gut«, murmelt er in

Richtung Tasche und rappelt sich auf. »Tschüss, Lorenzo, danke für den Apfelsaft!«, ruft er und winkt dem Cafébesitzer zum Abschied.

Wil schlendert über den Platz. Burak und die Jungs sind nicht zu sehen, zwei Frauen schieben Kinderwagen, ein Mann sitzt auf der Bank und liest Zeitung. Wil bummelt weiter in Richtung Bushaltestelle. Vielleicht kann er Mama vom Bus abholen.

»Ah, gut, dass du kommst! Halt mal eben«, reißt in dem Moment eine Stimme Wil aus seinen Gedanken. Die Stimme gehört zu Frau Klaschulke. Sie ist die Hausmeisterin für alle Mehrfamilienhäuser am Platz. Frau Klaschulke kann alles reparieren und hat immer was zu schrauben und zu basteln. Jetzt gerade steht sie vor den Müllcontainern und versucht, gleichzeitig die Klappe aufzuhalten und einen Berg Müllsäcke hineinzustopfen.

»Hallo, Frau Klaschulke«, sagt Wil und stellt sich auf die Umrandung des Containerplatzes, um den Deckel hochzuhalten.

»Was macht die Fliegerei, mein Freund?«, fragt die Frau im Blaumann augenzwinkernd.

Wil hat ihr erzählt, dass er Pilot werden will, und manchmal sehen sie sich gemeinsam Flugzeuge auf Frau Klaschulkes Handy an.

»Ich bin ja erst in der Grundschule, das dauert noch ein bisschen«, erklärt Wil grinsend.

»Na, dann beeil dich mal!« Frau Klaschulke hebt die Hand an die Kappe. »Danke dir!«

»Wiiiil!«, schallt es in dem Moment über die Straße. Wil dreht sich suchend um.

Mama kommt winkend auf ihn zu.

Wil senkt den Kopf und flüstert: »Festhalten, Ezki!«, dann rennt er zu ihr. »Hey, Mama!«

»Hallo, Großer! Das ist ja ein super Service, dass du mich abholst!« Seine Mama strahlt ihn an. Die dunklen Locken haben sich an den Seiten aus ihrem Pferdeschwanz gelöst und rahmen ihr Gesicht ein. »Ich habe dir was mitgebracht!«, flüstert sie geheimnisvoll und nimmt seine Hand.

Wil sieht Mama neugierig an. »Was denn?«

»Tja, das wüsstest du wohl gern ... Ich zeige es dir, wenn wir oben sind!«, verspricht sie und drückt Wils Hand.

»Augen zu!«, befiehlt sie, als die beiden in der Küche angekommen sind.

Wil hört die Tüte knistern.

»Tadaa: Käsekuchen!« Mama grinst von einem Ohr zum anderen, stellt den Teller vor Wil und leckt sich die Finger ab.

Während sie noch eine Gabel aus der Schublade angelt, läuft Wil schon das Wasser im Mund zusammen.

»Oh wow, sieht der gut aus! Wo hast du den denn hergezaubert?«, fragt er und bohrt seine Gabel in die fluffig-cremige Masse.

»Eine Kollegin im Büro hatte heute Geburtstag und hat Kuchen für alle mitgebracht. Das Stück war übrig.«

»Lecker.« Wil seufzt. Dabei versucht er, das Rumoren in seiner Bauchtasche zu ignorieren.

»Und, wie war dein Tag?«, fragt Mama und setzt sich mit einem Glas Milch ihm gegenüber.

»Wir haben in Kunst ein neues Thema: Berufe. Wir sollen jemanden bei der Arbeit malen. Und wir dürfen selbst aussuchen, welche Arbeit das ist«, erzählt Wil.

»Aaahh, da brauchst du mir gar nicht zu sagen, was du malst. Ich weiß es nämlich!« Mama wackelt mit den Augenbrauen.

Wil muss lachen, was allerdings auch daran liegt, dass Ezki ihn durch die Tasche des Pullis ordentlich in den Bauch pikst.

»Du malst natürlich einen Piloten in einem Flugzeug!«, rät Mama.

Er nickt. »Ganz genau! Eine A 319, ich habe schon angefangen.«

»Da bin ich gespannt. Das Bild bekommt auf jeden Fall einen Ehrenplatz im Wohnzimmer«, verspricht Mama. »Gab es heute Mittag Glasnudelsuppe oder Reste von gestern?«

Während sie einen Schluck Milch trinkt, lässt Wil unauffällig zwei dicke Kuchenkrümel in die Bauchtasche gleiten. »Glasnudelsuppe. Frau Liu hat mir eine Riesenportion eingepackt. Mit extravielen Nudeln. Voll nett.«

Zweimal die Woche darf Wil sich nach der Schule bei dem Chinarestaurant unten eine Suppe mit Gemüse und Glasnudeln holen. Er kann selbst entscheiden, an welchen Tagen. Den Rest der Woche stellt Mama ihm Reste vom Vortag hin, er knabbert eine Möhre und schmiert sich ein Käsebrot.

»Da war so ein Mädchen«, sagt er nun zögerlich. »Ich glaube, die

gehört da irgendwie dazu. Sie hat erst Hausaufgaben gemacht, als ich auf die Suppe gewartet habe, und dann hat sie im Eingang rumgeräumt.«

»Sah sie nett aus?«, fragt Mama neugierig.

Wil nickt. »Schon. Ich habe sie vorher noch nie hier gesehen.«

»Dann rede doch mal mit ihr«, schlägt Mama vor.

»Ich kann kein Chinesisch«, sagt Wil. »Sie hat mit Frau Liu Chinesisch gesprochen.«

»Hm. Warte, ich googele mal.« Mama tippt auf ihrem Handy herum. »Nī hâo. Das heißt Hallo.« Erwartungsvoll sieht sie Wil an.

»Nī hâo«, wiederholt Wil. Dann seufzt er. »Ich weiß nicht.«

Während Mama in der Küche aufräumt, greift Wil nach seinem Flugzeug und geht zum Fenster.

Ezki hat sich aus der Tasche gewurschtelt, liegt ausgestreckt auf Wils Bett und reibt sich den schwarzen Bauch. »Lecker, dieser Kuchen …«, schwärmt er. »Nur schade, dass du fast alles allein gegessen hast.« Ein bisschen beleidigt legt er sich sein weißes Käppi auf das kleine Gesicht. »Wenn das so weitergeht, werde ich wahrscheinlich verhungern«, klingt es dumpf unter der Kappe hervor.

Wil schleicht zum Bett, spitzt den Zeigefinger und lässt ihn blitzschnell in Ezkis rundes Bäuchlein sausen. »Das fühlt sich eigentlich ziemlich speckig an. Hier und hier und hier«, sagt er und kitzelt Ezki, sodass der kleine Honigdachs sich von rechts nach links kullert und kichernd zu entkommen versucht.

»Du bist gemein. Das ist alles nur Luft. Hungrige Luft!«, ruft Ezki und rettet sich unter den Schirm der Nachttischlampe.

»Brrrrr…« Wil lässt das Flugzeug in seiner Hand wieder zum Fenster fliegen. Hinter dem Wald blitzt die Sonne orangerot durch die Wolkenstreifen. »Brrschschschsch…« Die kleine Maschine saust über den Himmel. Wil stellt sich vor, wie sie wohl aussehen mag, die Welt von oben. Von ganz oben, höher als das riesige, graue Haus. Sein Fenster? Bestimmt kaum zu erkennen. Autos wie Käfer, Menschen, klein wie Ameisen. Burak die Ameise, klitzeklein, fast nicht zu sehen.

Er würde eine Runde drehen, eine Runde über Burak, Frau Klaschulke, Lorenzo, das Chinarestaurant, über den ganzen Prezel, bis hinten zum Ende des Waldes.

Und dann würde er durch die Wolken brechen.

Nī hâo

»Guten Morgen. Aufstehen«, flüstert Mama und streichelt Wil die Haare aus dem Gesicht.

Schon bevor er die Augen öffnet, kann er den Tee riechen. Mama muss morgens früh los, vor dem Frühstück. Vorher weckt sie ihn mit einer Tasse Lieblingstee. Zum Wachwerden.

»Tschüss, mein lieber Wil, ich wünsche dir einen tollen Tag. Denk dran: Ohren und Stift ...«

»... gespitzt, ja, ja, ich weiß«, murmelt Wil verschlafen und reibt sich die Augen.

Mama richtet sich auf und zieht ihren Rock glatt. Heute Morgen sind noch alle Locken ordentlich im Pferdeschwanz gebändigt. »Tschüss!«, ruft sie und wirft ihm einen Luftkuss zu.

Klack. Kaum ist die Tür ins Schloss gefallen, krabbelt der sehr wache Ezki aus der Schublade. Er wirft seine Kappe in die Luft und fängt sie mit dem Kopf wieder auf. »Hallihallo, Ezki is in da house!«, ruft er, läuft über die Bettdecke, klettert auf Wils Schulter, springt von da aus ans Bücherregal, hangelt sich darunter entlang, holt Schwung und hechtet auf die Fensterbank. Hier macht der Dachs sich lang und greift nach der Kordel des Rollos. Zack, rauscht das Ding samt Ezki nach oben. Grinsend baumelt der Dachs am Seil.

Wil kichert und pustet in seinen Tee.

»Sport macht hungrig! Sollen wir frühstücken?«, fragt der Honigdachs und lässt sich auf das Bettende plumpsen.

»Gleich. Ist gerade so schön kuschelig und warm«, seufzt Wil.

Ezki wühlt sich mit der Nase voran unter die Decke, nur die Hinterbeine schauen noch heraus. Einen Moment hält er ganz still, dann zwickt er Wil in den Zeh.

»Nein! Nicht an den Füßen«, ruft Wil und verschüttet fast seinen Tee. Widerwillig schält er sich aus dem Bett.

Auf dem Tisch in der Küche stehen ein Glas mit Saft und eine Schüssel Müsli mit Obst. Gähnend holt Wil einen Eierbecher aus dem Schrank und füllt einen Löffel voll hinein. Ungeduldig hüpft Ezki auf und ab. »Nicht zu wenig! Und jetzt noch …«

»Honig, ich weiß«, sagt Wil, holt das Honigglas aus dem Schrank und lässt einen Tropfen Honig auf das kleine Bananenstück tropfen.

Der Dachs klatscht zufrieden in die Hände, plumpst neben Wils Tasse und beginnt schmatzend, den Eierbecher zu leeren. »Wie lange haben wir heute Schule?«, kaut er.

»Fünf Stunden, aber in der dritten haben wir Kunst«, freut sich Wil. Er mag Kunst. Zeichnen kann er richtig gut.

»Oh, das ist prima! Dann hat Miray wieder ihre weichen Pinsel mit«, schwärmt Ezki. In der Schule sitzt er immer in Wils Schultasche, hört zu und stibitzt eine Ecke vom Schulbrot. Wenn Wil gerade nicht schreiben muss, lässt er unauffällig eine Hand in die Tasche gleiten und krault seinen kleinen Freund.

In der Pause darf Ezki entweder in Wils Bauchtasche mit auf den Hof, oder er bleibt allein im Klassenraum. Wie verrückt tobt er dann über Tische und Bänke, checkt die Ranzen der anderen und macht Blödsinn. Neulich hat er an die Tafel geschrieben: »Her Knüper hat dicke Orleppchen«. Wie alle gerätselt haben, wer so frech und so schlecht im Rechtschreiben ist! Wil wusste natürlich sofort Bescheid.

Und als der blöde Rico der Lehrerin verraten hat, dass Wil ganz ausnahmsweise die Hausaufgaben von Selin abgeschrieben hat, da hat Ezki in der Pause Ricos Sachen überall im Klassenraum versteckt: die Federmappe hinter dem Whiteboard, einen Schwung Hefte in dem Karton mit den Geburtstagsgeschenken und seine Brotdose im Mülleimer.

Der Honigdachs mag nicht besonders gut in Rechtschreibung sein, dafür ist er aber umso besser in Mathe. Wenn Wil mal nicht weiterweiß, flüstert er die Aufgabe unter dem Tisch

in Richtung Ranzen, und ratzfatz kommt die Lösung.

Ja, und wenn sie Kunst haben, kuschelt Ezki heimlich mit Mirays Pinseln.

Während Wil immer noch verschlafen den Löffel in den Mund steckt, nimmt er den Zettel in die Hand, den Mama ihm unter das Saftglas gelegt hat.

»Was steht da?«, fragt Ezki mit vollem Mund.

»Nĭ hâo«, sagt Wil.

»Wow, ein tolles Flugzeug!«, lobt die Kunstlehrerin und betrachtet Wils Bild. »Sehr detailliert.«

Wil nickt und freut sich.

»Wie wäre es, wenn du noch ein paar Wolken daruntermalst? Dann ist der Rest des Blattes nicht so leer«, schlägt sie vor.

Wil runzelt die Stirn. »Aber ich weiß nicht, wie die Wolken von oben aussehen.«

»Na, dann stellst du es dir halt vor«, entgegnet die Lehrerin.

»Das geht nicht. Ich habe es schon ganz oft versucht. Ich kann mir vorstellen, wie die Welt von oben aussieht, das geht, denn die Welt kenne ich ja. Aber die Wolken sehe ich immer nur von unten. Und da sind sie schon so wunderbar und so verschieden«, erklärt Wil.

»Da hast du recht. Na, du findest sicher eine Lösung«, sagt die Lehrerin lächelnd und geht weiter zum nächsten Kind.

Wil sieht ihr stirnrunzelnd hinterher. Welche Lösung soll er denn da finden?! Als ob das so einfach wäre. In zehn Jahren oder so, ja, da ist er Pilot, dann kann er jeden Tag die Wolken von oben sehen. Aber ob ihr das reicht, wenn er erst dann die Wolken dazumalt? Wohl kaum.

Auf dem Nachhauseweg hat Ezki es sich in Wils Kapuze gemütlich gemacht. Er hält sich eins der Bänder wie ein Mikrofon vor die kleine Schnauze. »Möhre oder Glasnudelsuppe?«, fragt er mit verstellter Stimme und hält das Bändelmikrofon in Wils Richtung.

»Wenn wir heute wieder Suppe nehmen, müssen wir danach dreimal hintereinander Reste essen«, überlegt Wil.

»Suppe! Suppe!«, ruft Ezki ins Mikro. »Suppe! Suppesuppesuppe!«

Wil lacht. »Na gut. Ich will eigentlich auch Suppe.«

Wil kann das Mädchen schon durch das Fenster sehen. Unauffällig linst er an dem grünen Plastikbambus vorbei. Wie hieß das noch? Nĭ hâo. Ob er das überhaupt richtig ausspricht?

»Hallo«, begrüßt Frau Liu ihn lächelnd, als er das Restaurant betritt.

»Hallo, Frau Liu. Einmal die Sieben, bitte«, sagt Wil höflich.

»Glasnudelsuppe. Einen Moment, bitte.« Die kleine alte Dame nickt und verschwindet.

Aus dem Augenwinkel sieht Wil das Mädchen schreiben. Sie sitzt allein in dem sonst leeren Gastraum an einem der braun glänzenden Tische. Unentschlossen knibbelt Wil an einem Stück Dekobambus. Dann dreht er sich zu ihr um, geht einen Schritt auf sie zu und sagt: »Nī hâo.« Sofort merkt er, wie ihm die Röte ins Gesicht steigt.

Das Mädchen hebt den Kopf und sieht ihn mit gerunzelter Stirn an. Plötzlich beginnen ihre Mundwinkel zu zucken. »Was bist du denn für ein Vogel?«, fragt sie grinsend.

Herrje, ist das peinlich!

»Ich wollte nur, weil, ich dachte, du sprichst vielleicht … na ja«, stammelt Wil und wünscht, er könnte sich auf der Stelle in den dicken, goldenen Panda dort auf der Fensterbank verwandeln.

»Du dachtest, ich spreche nur Chinesisch? Hast du Augen im Kopf?« Sie kichert und tippt auf das Schulbuch neben ihrem Heft. »Lesen und Schreiben 3« steht darauf.

»Oh«, sagt Wil. Mehr fällt ihm gerade nicht ein. »Hm, dann ...«, murmelt er und will sich unauffällig umdrehen.

»Halt, warte! Ich bin Janne. Nī hâo«, sagt das Mädchen freundlich. »Ich kann schließlich auch Chinesisch.« Jetzt muss sie doch wieder kichern.

»Einmal Nummer Sieben«, sagt Frau Liu in dem Moment und hält eine Tüte über den Tresen.

»Oh, danke. Tja, dann tschüss«, sagt Wil unsicher.

»Jetzt warte doch mal. Wo gehst du denn hin mit deiner Suppe? Musst du nach Hause?«, fragt Janne.

»Nein, eigentlich nicht. Meine Mutter kommt erst später«, antwortet Wil.

»Wenn du Lust hast, bleib doch hier und iss die Suppe bei mir«, lädt Janne ihn ein und zeigt auf die grüne Samtbank gegenüber.

»Okay.« Wil zuckt die Schultern und rutscht auf die Bank.

Janne holt einen Löffel, sagt etwas auf Chinesisch zu Frau Liu und verschwindet. Kurze Zeit später kommt sie mit einer kleinen Schüssel aus der Küche zurück. »Ich habe mir auch eine Suppe geholt, dann musst du nicht allein essen. Aber ohne diese ekligen Glibberwürmer drin!« Janne rümpft die Nase.

»Die Glasnudeln sind das Beste«, behauptet Wil.

Sie lächeln sich an.

»Hilfst du hier im Restaurant?«, fragt Wil.

»Ja, ein bisschen. Meine Eltern sind gerade viel unterwegs, deshalb komme ich nach der Schule zu Oma und mache Hausaufgaben.«

»Meine Mama arbeitet auch lange«, erzählt Wil.

In dem Moment kommt Frau Liu und bringt zwei große Gläser mit Apfelsaft.

»Oh, danke, aber nein. Ich habe nicht so viel Geld«, sagt Wil schnell.

»Du bist eingeladen«, sagt Frau Liu.

Es ist ziemlich schön, zusammen Suppe zu löffeln und Apfelsaft zu trinken. Janne und Wil reden, als hätten sie nie etwas anderes getan. Nach der Suppe stibitzt Janne noch eine Schüssel Krabbenchips in der Küche, und damit lässt sich auch Ezki in seiner Bauchtasche bestechen, noch ein bisschen durchzuhalten.

»Und nach den Hausaufgaben arbeitest du hier mit?«, fragt Wil.

»Nicht so richtig. Ich helfe halt ein bisschen.

Am liebsten kümmere ich mich um den Eingangsbereich. Oma sagt immer: Der Eingang ist das Wichtigste in einem Restaurant, er muss den Gast anlächeln.« Janne legt den Kopf schief. »Tja, dafür sorge ich. Und für Chop-Luey.«

»Wer ist Chop-Luey?«, fragt Wil und sieht sich um.

Janne schiebt ihren Ranzen zur Seite. Auf der Fensterbank zwischen Wil und Janne sitzt der goldene Panda. Janne klopft ihm auf den dicken Bauch. »Der hier. Er bewacht die Glückskekse.« Vor Chop-Luey steht eine Schüssel.

In dem Moment fällt Wils Blick auf die Uhr hinter der Kasse. »Was? Es ist ja schon kurz nach vier!!« Er greift nach seiner Tasche. »Wir müssen los! Frieda kommt gleich!«, erklärt er schnell.

»Wir? Wieso wir?«, fragt Janne und zieht die Augenbrauen zusammen.

»Äh, Quatsch, ich meine ich, *ich* muss los. Danke für den Saft!«, ruft Wil, greift in seine Bauchtasche, um Ezki festzuhalten, und stürmt los.

Der Honigdachs ist stinksauer. Mit verschränkten Armen und den Mützenschirm so tief ins Gesicht gezogen, dass man seine Augen kaum sehen kann, brummt er: »Stundenlang in deiner stickigen Tasche. Mit ein paar Krümeln von diesen seltsamen China-Chips.«

Wil ist noch ganz außer Atem; der Aufzug ist mal wieder

kaputt, und deshalb musste er bis ins oberste Stockwerk sprinten.

»Ach Ezki, tut mir leid«, sagt er keuchend und starrt aus dem Fenster. »Ich glaube, da hinten kommt sie.«

Tatsächlich. Gerade noch als kleiner Punkt über dem Wald, nähert sich seine Adlerfreundin mit mächtigen Flügelschlägen. Wil lächelt. Er beobachtet Frieda genau. Immer wenn sie die Flügel nach oben zieht, beugt sie sie ein wenig. Am Ende jedes Flügelschlages spreizen sich die Flügelenden wie Fingerspitzen. Friedas Körper bleibt die ganze Zeit ruhig, ihr Blick ist fest auf die Fensterbank gerichtet.

Wil öffnet das Fenster, damit sie bequem landen kann.

»Hallo, Frieda!« Er strahlt.

Der Adler schüttelt sich kurz und nickt dann mit dem weißen Kopf.

Wil kramt die Tüte mit den getrockneten Fischen aus der Sockenschublade, wo er sie fest verschnürt versteckt. »Hier, magst du?«

Frieda öffnet ihren gelben Schnabel und greift vorsichtig nach der Sprotte. »Vielen Dank.«

»Im Gegensatz zu anderen bekomme ich hier ja nichts zu essen«, murmelt Ezki und lässt die Beine vom Schreibtisch baumeln.

Wil betrachtet die kleine beleidigte Leberwurst und hat Mitleid. »Natürlich bekommst du auch was! Wie wäre es denn mit einem Löffel Honig?«, fragt er versöhnlich.

Ezki schiebt die Mütze ein Stück hoch und linst zu Wil herüber. »Ein großer?«, fragt er.

»Auf jeden Fall!« Wil flitzt in die Küche und holt Löffel samt Honigglas. Nur keine Zeit mit Frieda verpassen!

Genüsslich lutscht der Dachs die klebrige Nascherei. »Und? Roman oder Torben?«, fragt er zufrieden, während er sich nach einem gewagten Sprung vom Mathebuch an Wils Gürtelschlaufe festklammert, um weiter bis auf seine Schulter zu klettern.

»Torben.« Frieda seufzt.

Torben und Roman sind Friedas Tierpfleger. Im Wald hinter dem Prezel befindet sich ein Greifvogelpark, Friedas Zuhause. Einmal täglich werden die verschiedenen Vögel auf den Unterarmen ihrer Falkner auf einen großen Platz getragen. Die Besucher stehen drum herum und bewundern die Weißkopfseeadler. Diese mächtigen Klauen! Dieser gebogene Schnabel! Um 16:17 Uhr ist es dann so weit: Der Tierpfleger hebt seinen Arm, ein Raunen geht durch die Menge, und Frieda hebt ab. Vier, fünf kraftvolle Flügelschläge sind nötig, um sich bis über

die Baumwipfel aufzuschwingen. Majestätisch gleitet sie über die Köpfe der Menschen hinweg, ihre Bögen werden weiter, immer höher steigt sie hinauf. Und dann, wenn die ersten beginnen, die Stirn zu runzeln und den Himmel mit den Augen abzusuchen – dann landet Frieda auf Wils Fensterbank.

»Ist es nicht besser geworden mit Torbens Arm?«, fragt Wil.

Frieda schüttelt den Kopf. »Er ist nicht bei der Sache.« Frieda hat erzählt, dass sie kaum auf Torbens Arm landen kann, weil er so weich ist und nachgibt.

»Vielleicht hat er einfach einen Schwibbel-Schwabbel-Arm. Wackelpudding-Torben. Oder er ist zu schwach, weil er auch so wenig zu essen bekommt. Wie ich«, schiebt Ezki hinterher und sieht Wil vorwurfsvoll an.

»Sprotte für dich?«, fragt Wil und hält ihm die Tüte unter die Nase.

»Iiihh!« Sofort flüchtet der kleine Dachs in die Kapuze von Wils Hoodie. »Wil hat eine neue Freundin«, kommt es dumpf aus der Kapuze.

Frieda sieht Wil mit ihrem durchdringenden Blick an.

Er kann nicht verhindern, dass sich ein Lächeln auf seine Lippen stiehlt. »Das Mädchen aus dem Chinarestaurant«, erklärt er.

Frieda nickt kaum merklich. Dann wendet sie ihren Kopf zur Sonne. »Ich muss los. Bis morgen.« Sie dreht ihnen den Rücken zu, streckt den weißen Kopf vor, und kurz bevor sie fällt, breitet sie die Flügel aus und stößt sich ab.

»Tschüss, Frieda!«, ruft Wil ihr hinterher.

Der erste Flügelschlag weht ihm die Haare aus dem Gesicht. Wil beobachtet, wie die mächtige Frieda wieder zu einem kleinen Punkt über dem Wald wird. In wenigen Sekunden wird sie auf Torbens Schwabbelarm landen. Die Mitarbeiter des Greifvogelparks *Prezelforst* wissen natürlich, dass Frieda wiederkommt. Trotzdem tun sie vor den Besuchern so, als sei die Adler-Dame abgehauen. »Ja, wo bleibt denn Frieda?« Die Besucher sind dann immer ganz aufgeregt und machen »Ah!« und »Oh!«. Bevor sie anfangen, sich echte Sorgen zu machen, kommt Frieda zurück, und alle sind ganz erleichtert.

Frieda hat Wil erklärt, dass sie der Meinung ist, sie habe ein Recht auf diesen kleinen Ausflug. »Wo ich hinfliege, entscheide ich. Die können froh sein, dass ich überhaupt zurückkomme!«, sagt sie, und das findet Wil tatsächlich auch.

Nachdem er ein bisschen mit Ezki gespielt hat, beginnt Wil, seine Flugzeuge zu sortieren. Eigentlich gibt es nichts zu sortieren. Fein säuberlich stehen die fünf Maschinen im Regal. Sein Lieblingsflugzeug ist die Pilatus P3, ein kleines Sportflugzeug, silbern mit einem orangefarbenen Streifen. Als in der Schule Sommerfest war, gab es auch einen Spielsachenflohmarkt. Wil hatte ein paar ausgelesene Bücher, ein Memory und seine Fußballsammelbilder auf einer Decke ausgebreitet. Bei dem alten Plastikschwert hatte er noch überlegt, es lieber wegzuschmeißen, schließlich war an der Spitze schon alle Farbe abgeplatzt. Wie gut, dass er es trotzdem mitgenommen hatte! Ein Junge aus der Zweiten war ganz verrückt danach. »Willst du tauschen?«, hatte er gefragt. Dann hatte Wil die Pilatus auf der Decke des Jungen entdeckt. Halb versteckt unter einem ehemals rosafarbenen Stoffeinhorn hatte sie gelegen. Schwert gegen Flugzeug, ein guter Tausch.

Wil lässt die Pilatus zum Fenster fliegen. Der Himmel ist wolkenverhangen, es nieselt. Er denkt an sein Kunstbild.

Von unten sind die Wolken heute grau und gleichförmig. Wie es wohl über ihnen aussieht? Dort regnet es nicht, der Regen tropft ja nur nach unten. Oder? Sprüht so eine Wolke auch Wasser nach oben? Sind Wolken durch und durch grau? Von oben wie von unten?

Wil lässt die Pilatus vom Schreibtisch starten. »Iiiiuuu.« Ob man etwas merkt, wenn man durch die Wolken fliegt? Ist da ein Widerstand, wie ein Vorhang? Oder ist es einfach wie Luft? Nebel ist im Prinzip auch einfach eine tiefe Wolke. Oder?

»Wil!«, ruft Mama in diesem Moment, und die Zimmertür geht auf. »Hast du mich gar nicht kommen hören?«

Mit einem Satz bringt Ezki sich in der Schublade in Sicherheit. Puh, das war knapp!

Wil reißt die Augen auf. »Mama, hast du mich erschreckt!«

»Gib's zu, du bist gerade mal wieder um die Welt geflogen.« Sie lacht und strubbelt ihm durch die Haare. »Erzähl mal: Wie ist es im Leben? Was sagt Fräulein Nī Hâo?«

Wil setzt die Pilatus vorsichtig auf dem Schreibtisch ab. »Das war so peinlich! Sie heißt Janne und … Mist!« Wil schlägt sich mit der Hand vor die Stirn.

»Sie heißt Janne und Mist?«, fragt Mama verwirrt.

»Ich habe ganz vergessen, die Glasnudelsuppe zu bezahlen!«

Der Job

Zumindest hat Wil jetzt einen Grund, nach der Schule wieder ins Chinarestaurant zu gehen. Denn heute ist Restetag; das Glasnudelgeld ist für diese Woche aufgebraucht. Aber wenn er seine Schulden bezahlt, kann er Janne wenigstens kurz sehen, denkt er voller Vorfreude.

Auf dem Prezel trifft er Tüten-Tessa aus dem Dritten. Niemand weiß, was sie immer in den zwei alten Plastiktüten mit sich rumschleppt. Mama sagt, Tüten-Tessa sei ein bisschen verwirrt. Wil stört das nicht, er mag sie gern. Sie sagt immer so lustige Sachen und scheint es sehr eilig zu haben.

»Hallo, Tessa«, sagt Wil freundlich.

Ohne stehen zu bleiben, antwortet Tessa: »Die Tür klemmt!«

Wil grinst.

Lorenzo winkt vom Café herüber. »Einen Saft?«, ruft er.
Wil winkt zurück. »Später gern, danke!« Dann rennt er weiter zum Restaurant.

»Hallo, Wil«, begrüßt Frau Liu ihn freundlich. Das ist das erste Mal, dass sie ihn beim Namen nennt.

»Hallo, Frau Liu, ich habe gestern ganz vergessen zu bezahlen, tut mir leid«, sagt Wil und wühlt in seiner Hosentasche nach dem Geld.

»Kein Problem«, sagt Frau Liu und verschwindet in der Küche.

Wil legt das Geld auf den Tresen.

»Da bist du ja!«, ruft Janne, die gerade ins Restaurant kommt. »Guck mal, ich war gerade im Wald und habe das hier gefunden.« Sie zeigt ihm Kiesel und Nüsse. »Alles für Chop-Luey«, erklärt sie und drapiert die Fundstücke liebevoll rund um den goldenen Panda. Leise klicken die weißen Kiesel gegen Chop-Lueys glänzende Haut.

»Hier ist die Suppe«, sagt Frau Liu in dem Moment und kommt mit zwei dampfenden Schüsseln aus der Küche. »Einmal mit Glasnudeln, einmal ohne.«

Wil wird rot. »Oh, äh, nein, ich wollte keine Suppe heute. Entschuldigung«, murmelt er.

»Hast du schon gegessen?«, fragt Janne.

»Nein. Aber heute mache ich mir Nudelauflauf von gestern warm.« Wil zögert. »Ich habe nur Geld für zwei Suppen pro Woche.«

Wenn Janne nachdenkt, tippt sie sich mit dem Zeigefinger auf die Lippen. »Oma, was hältst du davon, wenn Wil mir ab und zu ein bisschen hilft mit dem Eingangsbereich?«

Frau Liu nickt. »Möchtest du das denn?«, fragt sie Wil.

»Wir müssen auch vor der Tür fegen. Wenn du mir hilfst, bezahlst du zwei Suppen die Woche und bekommst trotzdem jeden Tag eine. Plus Apfelschorle. Okay, Oma?«, fragt Janne und verschränkt die Arme.

Frau Liu nickt lächelnd.

»Wow. Echt jetzt?«, fragt Wil und sieht von einer zur anderen.

»Freu dich nicht zu früh, manchmal gibt es auch Hundehaufen vor der Tür«, warnt Janne grinsend.

»Abgemacht!«, sagt Wil und streckt Janne die Hand entgegen.

Direkt vor dem goldenen Bauch von Chop-Luey schlägt sie ein, und fast sieht es so aus, als ob das Lächeln des Pandas noch ein bisschen breiter wird.

Nach der Suppe machen die Kinder Hausaufgaben.

Während Wil auf der Suche nach dem richtigen Arbeitsblatt zerknitterte Blätterberge aus seinem Ranzen zieht, sitzt Janne kerzengerade vor ihrem Heft und arbeitet konzentriert mit Lineal und Rotstift.

Kopfschüttelnd betrachtet sie nach einer Weile Wils Chaos. »Ist das dein Ernst?«, fragt sie und zeigt auf sein verknicktes Blatt.

Wil zuckt die Achseln. »Kann man doch noch lesen!«

Die Zeit vergeht rasend schnell. Um vier Uhr sagt Janne: »Musst du nicht gleich los? Kommt deine Mutter wieder um kurz nach vier?«

»Meine Mutter? Nein, die kommt immer erst nach fünf«, antwortet Wil erstaunt.

»Aber du hast doch gestern gesagt: Frieda kommt gleich«, erklärt Janne.

Wil muss lachen. »Frieda ist nicht meine Mutter! Sie ist ... eine Freundin«, sagt er ausweichend. »Aber du hast recht, ich muss los. Danke für die Suppe!«

Gerade als Wil sich den Rucksack auf den Rücken schmeißt, hält Janne ihm einen Glückskeks vor die Nase. »Hier, für dich, von Chop-Luey. Meine Oma backt die Kekse immer selbst. Eigentlich sind die natürlich für die Gäste, aber die dunklen dürfen wir naschen. Die nimmt sonst eh keiner.«

»Danke! Bis morgen«, sagt Wil, steckt den Keks in die Tasche und flitzt los.

»Holst du mir jetzt endlich meinen Honig?«, fragt Ezki, als sie oben angekommen sind.

»Wie, deinen Honig?« Wil sieht den Dachs verwirrt an.

»Immer wenn wir bei Janne und Chop-Luey waren, bekomme ich einen Löffel Honig!«, erklärt der kleine Dachs, zuckt die Schultern und versucht dabei, mit der Schere vom Schreibtisch aus das Band des Rollos zu angeln.

»Sagt wer?«, fragt Wil.

Ezki lässt die Schere sinken und sieht Wil an, als wäre der ein wenig schwer von Begriff. »Du hast gestern gesagt, als Entschädigung für die ganze lange Zeit in deinem Pulli bekomme ich einen großen Löffel Honig. Und heute war ich wieder eine ganze lange Zeit in deinem Pulli. Also.«

So ein Schlitzohr! Während Wil in die Küche geht, stapelt Ezki Deutsch-, Mathe- und Englischbuch auf dem Schreibtisch, öffnet die Schere und versucht, auf Zehenspitzen und mit ausgestreckten Ärmchen den Knauf der Kordel zu erwischen, um ihn zu sich hinunterzuziehen. Der Buchturm wackelt bedenklich, doch der Dachs gibt nicht auf. Vor lauter Konzentration verrutscht ihm sein Basecap auf dem Kopf, aber jetzt hat er es fast ...

Geschafft! Langsam zieht er die Schere samt Rollo zu sich herunter.

»Da kommt Frieda!«, ruft Wil, der in diesem Moment zurück ins Zimmer kommt.

Ezki zuckt zusammen, der Bücherstapel kippt. Vor Schreck klammert der Honigdachs sich an die Schere, schnipp, ist das Band durchgeschnitten. Der Knauf knallt auf den Boden, und – zack – saust das halb heruntergezogene Rollo wieder nach oben.

»Mist«, murmelt Ezki und greift nach dem Honiglöffel, während Wil das Fenster öffnet und Frieda hereinlässt.

»Was war denn das?«, fragt er den Dachs mit einem Seitenblick.

»Och das ... Lecker, der Honig. Danke«, lenkt Ezki ab.

Wil setzt sich auf den Schreibtisch und sieht zu, wie seine Freunde futtern. Während Ezki genüsslich den Honig mit seiner kleinen, rosa Zunge vom Löffel schleckt, schluckt Frieda die Sprotte am Stück hinunter. Bewundernd sieht Wil den Adler an. Der Wind fährt durch ihre dichten Federn.

»Erzählst du mir, wie Fliegen geht?«, fragt er.

»Da rauscht einem die Luft in den Ohren, und wenn man landet, tut's weh«, sagt Ezki.

Wil verdreht die Augen. »Doch nicht du! Frieda, bitte, erzähl mir vom Fliegen.«

Die Adler-Dame sieht ihn ruhig mit ihrem starren Blick an. »Das Wichtigste ist, nie das Ziel aus den Augen zu verlieren. Wenn man fliegt, ist man inmitten von Ablenkungen. Winde, Beute, Hochspannungsmasten. *Man darf sich nicht abbringen lassen. Manchmal muss man reagieren, ausweichen, umdenken. Volle Konzentration auf das Ziel. Sonst kommt man nicht an.* Nicht dort, wo man hinwollte.«

»Auf Wackelpudding-Torbens Schwabbelarm«, ergänzt Ezki und schwabbelt über den Schreibtisch.

Wil bemerkt das gar nicht, sondern hat nur Augen für Frieda. »Ich wünschte, ich könnte auch fliegen.« Er seufzt. »Dann könnte ich nachgucken, wie die Wolken von oben aussehen.«

Frieda hält seinen Blick fest. »Volle Konzentration auf das Ziel«, wiederholt sie, stößt sich ab und macht sich auf den Rückweg in den Prezelforst.

»Was ist denn mit dem Rollo passiert?«, fragt Mama. Sie hält den Knauf in der einen und das Band in der anderen Hand.

»Ach das … Ja, ich weiß auch nicht genau. War plötzlich ab«, murmelt Wil und wirft einen wütenden Blick Richtung Schublade.

»Puh, ich hatte einen anstrengenden Tag!«, sagt Mama und lässt sich auf Wils Bett fallen. »Kannst du mich nicht irgendwo hinfliegen?«

Wil lacht. »Gleich, ich muss dir vorher noch was erzählen: Ich habe nämlich jetzt einen Job!«

Da staunt Mama nicht schlecht. »Das ist ja toll! Ich hoffe nur, du hast darüber nicht deine anderen Jobs vergessen …?«

»Hausaufgaben fertig, Milch ist eingekauft und Spülmaschine ausgeräumt, Chefin!«, bestätigt Wil.

Mama streicht ihm über den Arm. »Spitze, Großer. Am Wochenende bringst du Janne mal mit zu uns, und ich koche uns was Leckeres«, schlägt sie vor. »Nī hâo, oder wie war das?«

»Hallo reicht völlig. Da fällt mir ein, sie hat mir einen Glückskeks geschenkt.« Wil greift in seine Hosentasche. »Ups, zerbrochen. Macht nichts. Hälfte für dich, Hälfte für mich. Hat Frau Liu gebacken, und Chop-Luey passt drauf auf.«

»Chop-Luey?«

»Das ist ein goldener Panda.« Aus Wils Kekshälfte schaut ein kleiner Zettel heraus.

»Und? Was schreibt Chop-Luey?«, fragt Mama und zerbeißt krachend ihr Stück Keks.

»*Um den Preis zu gewinnen, muss man das Rennen laufen*«, liest Wil vor.

»Hach, also ich laufe heute ganz bestimmt kein Rennen mehr.« Mit einem Seufzen dreht Mama sich gemütlich auf die Seite. Wil quetscht sich neben sie, und sie reden und reden, bis es Zeit fürs Abendessen ist.

Die Ankündigung

Als Wil aus dem Schulbus steigt, kann er Janne schon fegen sehen.

Schnell läuft er zu ihr. »Warte, ich helfe dir«, sagt er und setzt seinen Ranzen ab.

»Ach, hey. Ja, nimm du den Handfeger.« Janne drückt ihm Besen und Kehrblech in die Hand.

Fleißig fegen die beiden Blätter, Krümel und Zigarettenkippen zusammen.

»Heute keine Hundekacke«, sagt Janne grinsend.

»Zum Glück«, freut sich Wil.

»Machst du noch den Eimer leer? Die Mülltonnen sind hinter dem Haus. Ich gieße schnell die Blumen, dann können wir was essen«, schlägt Janne vor.

»Wil? Wil! Kannst du mir mal helfen?«, ruft jemand, als Wil mit frisch geleertem Eimer um die Ecke kommt.

Er sieht sich um.

Frau Klaschulke steht am Schaukasten vor dem Stadtteilbüro. Wil stellt den Eimer auf den Gehweg und trabt zu ihr hinüber.

»Hallo, Wil! Kannst du bitte mal eben das Fenster aufhalten?«, fragt die Hausmeisterin. Unter ihrem Arm klemmen Zettel und Plakate.

»Na klar«, sagt Wil und greift nach der Tür des Schaukastens.

»Nettes Mädel, die Janne. Grüßt immer freundlich und hat Tessa letztens geholfen, als ihre Tüte gerissen war«, sagt Frau Klaschulke, während sie die alten Zettel abnimmt und sich die Stecknadeln zwischen die Lippen klemmt.

»Hmm«, macht Wil.

Der Kasten hat zwei Spalten. »Ankündigungen« und »Suche/Biete«. Die Bewohner des Viertels können Frau Klaschulke ihre Zettel mit zum Verkauf stehenden Staubsaugern, alten Stricknadeln und Angeboten zum Gassigehen geben, die hängt sie in den Kasten. Unter »Ankündigungen« gibt es regelmäßig Werbung für die Handygruppe, die sich immer dienstags morgens in Lorenzos Café trifft, seltener für Flohmärkte oder ein Sommerfest.

Wils Blick fällt auf einen blau glänzenden Flyer, den die Hausmeisterin gerade befestigt.

»Ist das nicht vielleicht was für dich, Herr Pilot?«, fragt Frau Klaschulke augenzwinkernd. »Danke dir fürs Festhalten.« Sie nimmt Wil das Fenster ab, verschließt den Kasten und winkt ihm zum Abschied zu.

»Tschüss«, sagt Wil und betrachtet den Flyer. Zwei Flugzeuge sind darauf zu sehen.

»Wettbewerb. 100 Euro für das beste selbst gebaute Flugzeug. Kommen Sie zur Modellflugzeugshow hier in Ihrem Viertel. Im Stadtteilbüro«, hat jemand noch unter das Datum geschrieben.

Hundert Euro! Wil fährt sich durch die strubbeligen Haare. Ist das viel Geld!

Vorsichtig steckt Ezki das Näschen aus der Tasche. Die Luft ist rein. Schnell huscht er aus der Tasche auf Wils Schulter. »Was steht da?«, fragt er neugierig.

»Man kann hundert Euro gewinnen«, murmelt Wil.

»Wow, cool! Davon kann man bestimmt jede Menge Honig kaufen. Machen wir mit?«

»Man muss ein Flugzeug bauen, das beste«, erklärt Wil.

»Das war nicht meine Frage!« Der Dachs stöhnt und zuppelt an dem Band von Wils Kapuze.

»Ich kann doch kein Flugzeug bauen!«

»Äh ... warum nicht? Den ganzen Tag höre ich immer nur Flugzeug hier und Flugzeug da. Wenn sich einer damit auskennt, dann wohl du«, sagt Ezki.

»Tsss!« Wil stößt Luft zwischen den Zähnen hervor.

»Dieser Chopsy-Dingsbums hat doch auch geschrieben: Wenn du mitmachst, wirst du Erster oder so ähnlich. Was würdest du denn mit den hundert Euro machen?«, fragt der Dachs. »Also, außer Honig kaufen.«

»Einen Flug buchen. Einen echten Flug. Einmal die Wolken

von oben sehen«, antwortet Wil wie aus der Pistole geschossen.

Ezki sieht ihn überrascht an. »Dann los«, sagt er leise und stupst seinen Freund mit der Nase an.

»Ach, ich kann doch nicht ... Ich hab doch noch nie ... Als ob ich ganz allein ...«, grummelt Wil.

»Wil!«, ruft Janne in dem Moment vom Restaurant herüber. »Kommst du? Die Suppe wird kalt.«

»Ich kann nicht! Ich bin so allein! Ich bin ein armes kleines Schnuckiputzilein«, ahmt Ezki Wil mit jammernder Stimme nach und krabbelt zurück in die Bauchtasche.

»Ich komme!«, ruft Wil in Richtung Chinarestaurant. Er geht ein paar Schritte, dann dreht er sich noch mal um und legt den Kopf in den Nacken. Wolkenfetzen werden über den Himmel gepustet, ein Blatt tanzt im Wind. Entfernt maunzen Katzen.

Wils Herz schlägt schneller. Gedanken wirbeln durch seinen Kopf. Fliegen, Frieda, volle Konzentration auf das Ziel. Seine Pilatus, das Kunstbild ohne Wolken.

Schnell läuft er zurück zu dem Schaukasten. »Ich werde fliegen! Ich mache mit und gewinne die hundert Euro. Und dann werde ich die Wolken von oben sehen!« Er dreht sich um. »Janne? Janne!«

Aufgeregt rennt er ins Restaurant.

Janne taucht gerade ihre Gabel in einen Berg Reis. »Heute keine Suppe für mich«, sagt sie, doch Wil, der vor dem Tisch eine Vollbremsung hinlegt, will jetzt nicht über Essen reden.

Neben Janne liegt bereits fein säuberlich gestapelt ein Berg Bücher und Hefte, die Stifte oben drauf, gespitzt und symmetrisch angeordnet.

Wils Blick wandert von den Schulsachen zu Janne, die in diesem Moment die volle Gabel in den Mund schiebt. Er rutscht auf die Bank, ohne sich die Jacke auszuziehen. »Janne, willst du mir helfen?«, fragt er atemlos. Seine Wangen sind rot, und seine Augen leuchten.

Erstaunt sieht sie ihn an. »Wo drückt denn der Schuh? Mathe? Englisch?

»Welcher Schuh? Ach so, nein, nix mit Schule. Ich ... Ich will ein Flugzeug bauen«, sagt Wil und strahlt sie an.

»Ein Flugzeug?« Janne hat mitten in der Bewegung innegehalten. Ein paar Reiskörner rieseln von der Gabel vor ihrem Gesicht zurück auf den Teller.

»Ja! Ich will fliegen. Ich werde die Wolken von oben sehen!« Kerzengerade sitzt Wil vor ihr.

»Du willst ein Flugzeug bauen, mit dem du fliegen kannst? Bis über die Wolken?« Janne zieht eine schwarze Augenbraue hoch.

»Ja! Nein ... Also doch!«, stammelt Wil.

Und dann erzählt er seiner Freundin von dem Flyer. Die Worte purzeln etwas durcheinander aus seinem Mund, seine Hände fliegen durch die Luft, und es dauert ein wenig, bis sie versteht.

»Hilfst du mir?«, fragt er schließlich noch einmal.

Janne lässt die Gabel samt Reis auf den Teller sinken.

Unverwandt sieht sie Wil an. Sie kennen sich erst ein paar Tage, aber Janne kann fühlen, mit jeder Faser ihres Körpers fühlen, dass es hier um etwas geht.

»Ja. Bauen wir ein Flugzeug«, sagt sie mit fester Stimme.

Seine Suppe ist längst kalt, als Wil endlich daran denkt, etwas davon zu essen. Auf dem Tisch stapeln sich Zeichnungen und Notizen, Skizzen von Flugzeugen, Turbinen und Propellern.

Wil ist in seinem Element. Er hat Jacke und Hoodie ausgezogen, seine Haare stehen kreuz und quer in alle Richtungen ab, und er hört nicht mehr auf zu reden. »Wir brauchen als Erstes einen Rumpf. Was könnten wir bloß als Turbinen nehmen? Wir bauen am besten meine Pilatus nach! Guck hier, so muss das Cockpit aussehen.«

Janne hört sich das alles eine Zeit lang an, dann reißt sie fein säuberlich die letzte Seite aus ihrem Matheheft und macht eine Liste.

»Was schreibst du denn da?«, fragt Wil irgendwann ungeduldig. Schließlich ist er doch hier der Flugzeugexperte!

»Ich mache einen Plan. Erstens sollten wir überlegen, wo

wir Material herbekommen, und zweitens, wo wir es lagern und unser Flugzeug bauen«, sagt Janne und sieht Wil über das Kästchenpapier hinweg an.

Überrascht erwidert er ihren Blick. Schon jetzt ist ihm klar, dass es eine Spitzenidee gewesen war, Janne um Hilfe zu bitten. »Ja. Natürlich. Wollte ich auch gerade sagen.«

Janne muss lachen. »Natürlich. Es ist übrigens 16:07 Uhr – Friedazeit.«

»Mist!«, ruft Wil, rafft seine Sachen zusammen und schlüpft hastig in seinen Pulli. Leise hört er Ezki in der Bauchtasche brummeln. »Wo ist denn mein Rucksack? Ach, ich glaube, der steht noch draußen. Als wir gefegt haben, hatte ich ihn dort abgestellt. Tschüss, Janne, tschüss, Frau Liu, und danke für die Suppe!« Winkend läuft Wil aus dem Restaurant.

Wo ist denn bloß seine Tasche? Er könnte schwören, dass er sie vorhin direkt neben …

»Suchst du die hier?«

Burak. Grinsend fährt er auf seinem Skateboard an Wil vorbei, den Rucksack in der Hand.

»Gib her, das ist meiner!«, sagt Wil wütend.

Feixend taucht Buraks Gang hinter ihm auf.

»Der stand hier aber einfach so rum, Bro. Da kann ich ja gar nicht sicher sein, dass es auch wirklich deiner ist«, behauptet

Burak, hält Wil die Tasche entgegen und wirft sie dann in dem Moment, als Wil danach greifen will, zu seinem Freund Luca. Der fängt den Ranzen, setzt ihn sich auf den Rücken und rast quer über den Prezel davon, um in einem großen Bogen wieder zurückzukommen.

Burak gibt seinem Kumpel ein Zeichen und bekommt Wils Tasche umgehend geliefert. Gemächlich rollt er auf Wil zu und reicht sie ihm großzügig an. »Wir haben uns nur Sorgen gemacht – so eine einsame Tasche«, behauptet er. »Das nächste Mal besser aufpassen!«

Kommentarlos schmeißt Wil sich den Schulrucksack auf den Rücken und rast los.

Als er keuchend zum Kinderzimmerfenster stürzt, sieht er Frieda schon draußen ihre Kreise ziehen. Schnell reißt er das Fenster auf. »Frieda!«, ruft er.

Elegant neigt sie ihren Körper ein wenig zur Seite und segelt zu Wil. Mit den Füßen voran landet sie auf der Fensterbank.

»Entschuldige, Burak hat mal wieder rumgenervt. Ich hole sofort die Sprotten.« Eifrig wühlt Wil in der Sockenschublade.

»Vergiss nicht den ...«, ruft Ezki.

»Honig, nein, vergesse ich nicht!«

Diesmal kann Wil es gar nicht abwarten, bis Frieda endlich ihre Sprotte verspeist hat. »Frieda, ich muss dir was erzählen: Ich werde fliegen!«, sprudelt es aus ihm heraus. »Ich werde nachsehen, wie die Wolken von oben aussehen!« Er strahlt den Adler an.

Durchdringend sieht Frieda ihn an. Der gebogene, gelbe Schnabel vibriert ganz leicht. »Volle Konzentration auf das Ziel«, sagt sie leise.

Wil nickt. »Sonst kommt man nicht an.«

»Du hast gut zugehört.« Gemächlich dreht Frieda sich um, lässt sich fallen und breitet ihre Schwingen aus. Versonnen sieht Wil ihr hinterher, bis sie im Prezelforst verschwunden ist.

»Jetzt ist sie bestimmt schon auf Torbens Schwabbelarm gelandet«, sagt Ezki und macht ein kleines Schwabbeltänzchen auf dem Schreibtisch. »Komm, wir spielen Fangen!«, ruft er dann und sprintet los in Richtung Bett. Die ewige Rumsitzerei in Wils Bauchtasche hat ihn ganz kribbelig gemacht.

»Na gut«, seufzt der. Eigentlich wollte er lieber noch über das Flugzeug nachdenken.

»Du hast ja nur Schiss, dass du mich nicht kriegst!«, sagt Ezki und wackelt vom Nachttisch aus mit dem Po. »Wil ist viel zu la-ahm«, ärgert er. »Du hast zwar keine Schwabbelarme, aber Schwabbelbeine! Wil Schwabbelbeinchen!«

»Na warte!« Wil springt mit einem Satz auf das Bett und greift nach Ezki. Doch der hat den Angriff kommen sehen und saust am Kabel der kleinen Stehlampe auf dem Nachttisch hinunter auf den Fußboden, nimmt Anlauf, springt auf einen herumstehenden Monstertruck und rast damit unter den

Kleiderschrank. Wil kugelt sich vom Bett herunter, robbt blitzschnell über den Teppich und greift nach dem Truck, aber da sitzt der Dachs längst nicht mehr drauf.

»Hier bin ich, Wil Wackelpudding!«, ruft Ezki aus Wils Kleiderschrank. Die Bügel schlagen gegeneinander, als er sich zwischen Hosen und Jacken entlanghangelt.

Wil stellt sich vor den Schrank und beobachtet das Gewackel aufmerksam.

»Ha! Jetzt hab ich dich«, sagt er plötzlich und greift in die Bademanteltasche. Kichernd windet sich der kleine Honigdachs zwischen Wils Fingern.

»Und jetzt gibt es die Kitzelstrafe!« Wil schmeißt seinen Freund auf die weiche Matratze und beginnt, ihm den Zeigefinger in die Seiten zu piksen.

Ezki japst und kichert vor Vergnügen. »Aufhören! Sofort aufhören!«

Ausgelassen kullern sie über Wils Bett, kitzeln und zwicken sich gegenseitig, bis sie keine Kraft mehr haben und erschöpft und von Kopf bis Fuß schwabbelig nebeneinander liegen.

»Ich mach da besser auch mit«, sagt Ezki unvermittelt.

»Wo?«, fragt Wil.

»Bei diesem Flugzeugdings.«

Wil dreht seinem kleinen Freund das Gesicht zu und lächelt ihn an. Dann hält er seine Hand in die Luft. Der Dachs schlägt mit seiner kleinen Pfote ein.

»Abgemacht.«

Wil gähnt. Im Schein der Schreibtischlampe quält er sich durch Mathe. Vor lauter Zeichnen und Planen haben Janne und er die Hausaufgaben komplett vergessen. Da versteht Mama keinen Spaß. Er wollte gerade ins Bett gehen, als es ihm eingefallen ist.

Mit dem Bleistift, der eigentlich ein Dreieck spiegeln soll, kritzelt er eine Wolke auf den Heftrand. Zwei Wochen sind ganz schön kurz. Woher sollen sie bloß die ganzen Materialien nehmen? Er seufzt und strichelt mit dem Stift zwischen den Kästchen herum. Das sieht aus wie eine Feder.

Man darf sich nicht abbringen lassen. Volle Konzentration auf das Ziel, hat Frieda gesagt. Ob das auch für Achteinhalbjährige gilt?

Wil wühlt in seiner Federmappe. Den dünnen, schwarzen Stift hat er mal von Mama bekommen. Er zieht den Schlafanzugärmel hoch. Weit vorgebeugt, zeichnet er Strich für Strich. Sein Unterarm ist viel weicher als das Blatt, das ist ungewohnt, aber es geht ganz gut.

Lächelnd hebt er den Kopf. Wenn er den Arm hin und her dreht, schimmert die schwarze Feder ein bisschen im Licht.

Material

»Wir haben Glück, morgen ist Sperrmüll!«, begrüßt Janne ihn.

Wil rutscht ihr gegenüber auf die Bank. »Hä? Wieso Glück?«, fragt er verwirrt. Janne verdreht die Augen. »Wir brauchen Material für unser Flugzeug.«

»Jetzt kapiere ich! Gute Idee.«

»Allerdings! Das heißt: Du musst schneller löffeln«, erklärt sie weiter und zeigt auf die bereitstehende Suppe.

»Ich denke, erst morgen ist Sperrmüll?«, fragt Wil.

»Aber wir müssen eine Stelle finden, wo wir die Sachen für das Flugzeug lagern können. Und außerdem stellen die Leute heute die Sachen raus, wenn morgen Sperrmüll ist.«

Beeindruckt sieht Wil sie an. »Klar. Wusste ich. Wollte nur gucken, ob du's weißt.«

»Ja sicher.« Janne kichert.

Zwei Suppen und viel zu viele Hausaufgaben später zieht Wil den Reißverschluss seiner Jacke zu. »Ich muss kurz hoch, Frieda Bescheid sagen, dass es heute nicht passt. Und meiner Mama einen Zettel hinlegen, dass es länger dauern könnte.«

»Bring Frieda doch mit, vielleicht kann sie uns helfen«, schlägt Janne vor, während sie mit dem Staubtuch über Chop-Lueys goldenen Bauch wischt.

»Nee, das geht nicht«, sagt Wil lachend.

»Warum nicht?«, fragt Janne und dreht die Schüssel mit den Glückskeksen.

»Na ja, weil ... Ach, da ist noch ein dunkler. Teilen wir?«

»*Aller guten Dinge sind drei*«, liest Janne die Keksbotschaft vor.

»Vielleicht meint Chop-Luey, dass wir heute drei Sachen für unser Flugzeug finden.«

»Hast du irgendeine Idee, wo wir den Krempel lagern könnten?«, fragt Janne, während sie über den Prezel laufen.

Wil sieht sie an. »Ja, ich glaube schon. Komm mal mit!«

Hinter dem Fußballkäfig, in dem gerade ein paar Kids aus dem Viertel kicken, führt ein Weg in den Wald. Wil folgt dem Schotterpfad ein Stück, dann biegt er hinter einem Baumstumpf ab ins Gebüsch. Zielstrebig steigt er über Baumstämme, biegt herunterhängende Äste zur Seite und weicht Unebenheiten aus. Plötzlich bleibt er vor einem undurchdringlich scheinenden Gestrüpp stehen. Er dreht sich zu Janne um, die hinter ihm hergestapft ist. »Hereinspaziert!« Geübt zieht er einen dicht benadelten Tannenzweig zur Seite.

Janne schlüpft hindurch, und Wil folgt ihr.

Sie befinden sich auf einer Art Lichtung. Von Büschen umrahmt ist hier ein kleiner, mit Moos und Farn gepolsterter Platz. Neben einem dicken Baumstamm liegen Äste.

»Manchmal spiele ich hier, oder ich schnitze«, sagt Wil und

hebt einen gerade gewachsenen Ast hoch, dessen Rinde fein säuberlich abgeschält wurde.

»Richtig cool«, staunt Janne. »Aber das Zeug für das Flugzeug müssen wir dann ganz schön weit schleppen. Und wenn's regnet, wird alles nass«, gibt sie zu bedenken.

Wil sieht sich um. »Hm. Aber niemand kann uns sehen. Und was Besseres weiß ich nicht. Du?«

Janne schüttelt den Kopf.

Wil zuckt die Schulter. »Dann muss das erst mal gehen.«

Gemeinsam schaffen sie Platz, räumen dicke Äste und Steine zur Seite und klemmen den Tannenzweig am Eingang fest.

»Okay, dann los!«

Unschlüssig streichen Wil und Janne durchs Viertel. Die ersten Bewohner haben schon vollgestopfte Müllsäcke, alte Matratzen und kaputte Plastikpuppenwagen am Straßenrand gestapelt.

Janne öffnet eine Truhe. »Wonach suchen wir eigentlich?«, fragt sie.

Wil zuckt die Schultern. »Weiß auch nicht.«

Tüten-Tessa eilt vorbei, greift zielstrebig nach einem bemalten Kochlöffel, steckt ihn in eine ihrer Plastiktüten, dreht sich zu den Kindern um und sagt strahlend: »Ich werde verreisen!«

Wil und Janne kichern. »Viel Spaß«, sagt Wil, aber Tessa ist längst weitergegangen.

Sie kommen an alten Kommoden und einem Sofa mit

durchgesessener Polsterung vorbei. Planlos stöbern sie mal hier und mal da. Es beginnt zu nieseln, und die Straßenlaternen springen an.

»Vielleicht ist heute auch einfach nicht das Richtige dabei?«, überlegt Wil und streicht über eine alte Kindertafel.

Noch immer ohne Fundstück biegen die beiden um die nächste Ecke. In dieser Straße gibt es nur einen einzigen Haufen Sperrmüll. Wackelig aufgetürmt stapeln sich ein altes Fahrrad und allerlei kaputter Krimskrams. Janne will weiter, doch in dem Moment poltert ein alter Topf scheppernd auf die Straße.

»Was war das?«, fragt Wil.

Vorsichtig nähern sie sich dem Müllberg. Alles scheint ruhig. Doch gerade als Wil einen alten Teppich zur Seite ziehen will, bewegen sich die Kissen daneben. Erschrocken zuckt er zurück.

Wieder streckt Wil die Hand nach dem Teppich aus.

»Da!«, ruft Janne plötzlich und zeigt auf die Straße. Im Licht der Straßenlaterne zeichnet sich ein riesiger Schatten ab.

»Ein Leopard«, murmelt Wil ungläubig.

Janne dreht sich um. »Ach, du bist es«, sagt sie. Ihre Stimme klingt erleichtert.

Oben auf der Lehne des zerbrochenen Stuhls steht der Leopard.

Wil kneift die Augen zusammen. »Eine Katze?«, fragt er und betrachtet fasziniert das große, struppige Tier.

Furchtlos, mit aufgestelltem Schwanz, starrt es zurück.

»Das ist Avanti«, sagt Janne. »Kennst du sie nicht? Meine Oma sagt, sie stromert schon immer hier herum. Gehört niemandem.«

»Nicht gerade eine Schmusekatze«, vermutet Wil.

Leichtfüßig huscht Avanti über den rostigen Fahrradlenker, einen Grill und einen Stapel Aktenordner auf den Bürgersteig. Bevor sie im Gebüsch verschwindet, dreht sie sich um und starrt die Kinder wachsam mit ihren grünen Augen an.

Wil zuckt mit den Achseln und wendet sich wieder den Fundstücken zu. Nachdenklich betrachtet er die alten Sachen aus der Nähe. Was ist das da, unter dem Rad? Einfach ein Stück altes Holz?

»Das ist es!«, ruft Wil im nächsten Moment. »Das brauchen wir!«

Es ist ein altes Fass ohne Boden.

Janne sieht ihn fragend an. »Und was machen wir damit?«

»Das weiß ich noch nicht genau, aber ich bin ganz sicher, das ist das erste Teil für unser Flugzeug!« Wil strahlt.

Sie legen das schwere Ding auf die Seite und rollen es Richtung Wald.

»Warte, wir legen es erst mal hinter den Busch hier. So als

Zwischenlager. Wenn wir genug haben, tragen wir alles ins Versteck«, schlägt Janne vor.

Gesagt, getan.

Nach und nach sammelt sich einiges an: Janne entdeckt Bretter, die früher mal ein Schrank waren. Wil nimmt einen Föhn mit, einen Besen ohne Borsten, drei Kleiderbügel und ein durchsichtiges Kunststoffviereck, das vielleicht mal eine Schreibtischunterlage war. Jetzt, wo der Bann einmal gebrochen ist, finden sie immer mehr.

»Schau mal, die alte Rechenmaschine, die können wir prima fürs Cockpit nehmen«, meint Janne.

Wil nickt. »Und guck hier, die mittlere Etage von dem alten, pinkfarbenen Plastikschloss, das können die verschiedenen Fächer im Cockpit sein.«

»Oh no, spielst du noch mit Barbies?«, ruft Burak, der gerade auf seinem Skateboard vorbeirast.

Wil verdreht die Augen.

Wieder und wieder kommen sie voll bepackt im Zwischenlager an. Diesmal hat Wil eine große Schublade voller Kram auf einen alten Kinderwagen geladen und schiebt ihn vor sich her. Janne hat eine Babybadewanne unter dem Arm.

»Das ist schon ganz schön viel …«, murmelt Wil und kratzt sich am Kopf.

»Stimmt. Also, das muss jetzt erst mal reichen! Schließlich müssen wir den Krempel ja noch in unser Versteck schleppen«, sagt Janne.

»Au!«, ruft Wil plötzlich und zuckt zusammen.

»Was ist passiert?«, fragt Janne erschrocken.

»Ach, nichts«, sagt er schnell und steckt die Hand in die Tasche seines Hoodies. »Au!«, ruft er wieder. Ezki hat ihn in den Finger gebissen.

Janne runzelt die Stirn. »Was hast du?«, fragt sie ungeduldig.

»Ach nichts, ich ... Sag mal, du hast nicht zufällig Honig dabei?«

Janne schüttelt verwirrt den Kopf. »Honig? Alles gut bei dir?«, fragt sie.

Wil schaut sich um. Niemand zu sehen.

»Ich hole dich raus, aber nicht wieder beißen!«, sagt Wil in Richtung Bauchtasche.

»Mit wem redest du denn?«, fragt Janne, und wie sie aussieht, überlegt sie sich gerade, ob Wil vielleicht komplett verrückt ist.

»Mit dem hier«, antwortet der und zieht eine kleine beleidigte Leberwurst in Form eines Honigdachses aus seiner Tasche.

Ezki windet sich bei der ersten Gelegenheit aus Wils Griff, zieht sein Käppi tief ins Gesicht und klettert auf das Fass. Mit dem Rücken zu den beiden Kindern stellt er sich hin, verschränkt die Arme und tippt wütend mit dem Fuß auf.

Janne starrt den Dachs mit offenem Mund an.

Wil seufzt. »Darf ich vorstellen: Das ist Ezki, der Honigdachs.

Er ist mein bester Kumpel. Also, hoffentlich ist er das noch. Jetzt ist er jedenfalls ziemlich sauer.«

Janne klappt den Mund wieder zu. »Und den hattest du die ganze Zeit in deinem Hoodie?«

Wil nickt.

»Ja, ganz genau. Die ganze Zeit in diesem stickigen, wackeligen, todeslangweiligen Pullover! Du hast gesagt, ich darf helfen. Und dann lässt du mich die ganze Zeit fast ersticken!« Ezki hat sich umgedreht und die Fäuste in die Seiten gestemmt. Unter dem weißen Basecap funkelt er Wil böse an.

Wil lässt den Kopf hängen. »Du hast ja recht. Es tut mir leid. Entschuldigung.«

Ezki dreht eingeschnappt den Kopf zur Seite. »Tsss. Tut mir leid, tut mir leid«, meckert er.

»Bitte sei nicht sauer. Du darfst ab jetzt mitmachen, versprochen. Wir brauchen dich doch«, sagt Wil freundlich und geht einen Schritt auf den Dachs zu. Vorsichtig streichelt er ihm mit dem Zeigefinger über das Beinchen, doch Ezki zieht das Bein weg.

Wil schneidet eine Grimasse. »Okay: zwei Löffel Honig?«, fragt er und zwinkert Janne zu.

»Vier!«, sagt Ezki und schiebt die Kappe ein wenig hoch.

»Sagen wir drei?«, verhandelt Wil und bietet dem Dachs seine Hand zum Einschlagen an.

»Große!«, ergänzt der und schlägt ein.

Janne schüttelt den Kopf. »Ich fasse es nicht! Hat der die ganze Zeit einen Dachs im Pulli und sagt nix!«

»Ich musste ja erst mal wissen, ob ich dir vertrauen kann«, erklärt Wil.

»Und das heißt: Er kann!«, erläutert Ezki.

Janne kommt langsam näher. »Hallo, ich bin Janne.« Sie streckt ihren Zeigefinger vor.

Ezki klatscht mit seinem Pfötchen dagegen. »Nī hâo.«

»Also, ich wollte immer schon mal mit einem Verrückten und einem sprechenden Dachs ein Flugzeug bauen. Hört sich nach dem perfekten Team an!« Janne lacht.

»Ganz genau! Der goldene Specki hat es euch doch heute auch erklärt: Alle guten Freunde sind drei!« Ezki grinst. »Und jetzt zeigt mal, was ihr da habt.«

Die Freude über die gefundenen Sachen nimmt merklich ab, als sie beginnen, alles in den Wald zur Lichtung zu schleppen. Janne, die Arme voller Zeug, übersieht eine Wurzel und klatscht unsanft in eine Pfütze. Als sie sich aufgerappelt hat und schimpfend die letzten Meter zur Lichtung stapft, bleibt ein Zweig an einem Kleiderbügel hängen und schlägt Wil ins Gesicht.

»Autsch! Mist«, schimpft Wil und reibt sich die Wange.

Ob das alles hier nicht doch eine Schnapsidee war? Es ist kalt und hat wieder angefangen zu nieseln, die Bretter sind schwer, und Wil hat keine Lust mehr.

»Jetzt trödele doch nicht so!«, schimpft Ezki. Der kleine Dachs ist voll in seinem Element. Gerade thront er hoch oben auf einem wackeligen Berg verschiedensten Gerümpels

und gefällt sich sehr dabei, den Kindern Anweisungen zu erteilen.

»Du hast gut reden! Rumstehen und quatschen kann jeder!«, nörgelt Wil zurück.

»Wer will denn hier ein Flugzeug?«, fragt Ezki mit ausgebreiteten Armen. Recht hat er, denkt Wil und packt sich noch das pinkfarbene Plastikschloss auf den Korb ohne Henkel.

Nachdem endlich alles abgeladen und verfrachtet ist, betrachten Wil und Janne fix und fertig die Lichtung, die nun eher einer Müllhalde gleicht.

»Material hätten wir«, sagt Janne seufzend.

Wil nickt. »Allerdings. Eine Sache ist mir allerdings noch schleierhaft: Wir brauchen eine Spitze vorn, den Bug, an dem dann der Propeller befestigt wird«, murmelt er.

Janne lacht. »Also ehrlich gesagt: Wenn das das Einzige ist, was dir schleierhaft ist, bin ich beruhigt!«

Ezki krabbelt aus dem Barbieschloss und springt leichtfüßig über Puppenwagen, Körbe und Bretter zu Wil. »Und jetzt: Honig!« Freudestrahlend lässt er sich in Wils Kapuze plumpsen.

Müde trotten Janne und Wil zurück zum Prezel. Bei Lorenzo sind längst die Lampen an, und der kleine Supermarkt hat geschlossen.

»Wil! Janne! Kommt mal bitte«, hören sie Frau Liu plötzlich rufen.

Als sie näher kommen, sehen sie, dass die alte Dame einen großen Sonnenschirm mit verbogenem Gestänge in den Händen hält. »Wie gut, dass ihr gerade kommt! Morgen ist Sperrmüll. Seid doch so lieb, und tragt das olle Ding für mich an die Straße.«

Wil und Janne sehen sich an. Yeah! Endlich mal was tragen!

Mit letzter Kraft zerren sie den unförmigen Schirm zu den Mülltonnen.

»Komm, wir legen ihn mit der Spitze hier herüber«, schlägt Janne vor.

»Stopp!«, kommt es da plötzlich aus der Kapuze.

»Was ist?«, fragt Wil genervt.

»Ich höre immer Spitze. Wolltet ihr nicht eben noch unbedingt eine Spitze?« Ezki steht jetzt auf Wils Schulter und hält sich an den Bändeln der Jacke fest.

Das trifft sich gut, denn Wil bleibt ruckartig stehen. »Ezki, das ist es! Genial! Janne, das ist die Flugzeugnase«, sagt er aufgeregt. Seine Müdigkeit ist wie weggeblasen.

»Dein Ernst? Heißt das, wir müssen jetzt noch mal in den Wald?«, fragt Janne wenig begeistert.

Wil zuckt die Schultern und nickt.

»Dann los!« Seufzend schultert Janne den Schirmstiel.

Zum Glück funktioniert der Aufzug wieder, das ist Wils Rettung. Jetzt noch 173 Stufen? Auf keinen Fall, da hätte er lieber im Treppenhaus geschlafen.

»Hallo, Wil! Da bist du ja endlich!«, ruft Mama und kommt in den Flur. »Na, du siehst ja geschafft aus. Ich habe uns eine Gemüselasagne gemacht, magst du?«

Wil hätte vermutlich alles gegessen, sogar Rosenkohl, so einen Hunger hat er.

Nach der dritten Portion legt er die Gabel zur Seite. »Mama, Janne und ich bauen ein Flugzeug. Es gibt einen Wettbewerb im Stadtteilbüro«, erzählt er. Und obwohl Wil so müde ist, löst allein der Gedanke an ihr Projekt ein wunderbares Kribbeln in seinem Bauch aus.

Im Wald

Am nächsten Tag haben sie Glück. Die Hausaufgaben sind ratzfatz erledigt, und die Sonne scheint.

»Schau mal, die habe ich heute auf dem Schulhof gefunden.« Janne hält eine Murmel ins Licht. Die Sonne scheint hindurch auf Chop-Lueys goldenen Bauch und lässt ihn leuchten. Vorsichtig legt Janne die kleine Kugel neben den Panda. »Für dich.«

»Und jetzt: Ab ins Gebüsch!«, ruft Wil, und kurze Zeit später ziehen sie den Tannenzweig zur Seite.

Janne legt den Beutel, den sie mitgeschleppt hat, ins Gras. »Wo fangen wir an?«

»Vorn mit der Spitze. Ich habe eine Idee. Habe ich heute im Matheunterricht … Warte, ich hab's hier irgendwo.« Wil wühlt in seinen Hosentaschen und zieht ein zerknülltes Papier hervor.

»Schriftliches Multiplizieren?«, sagt Janne grinsend.

»Nee, natürlich das darunter!«

Janne runzelt die Stirn. »Ich kann nichts erkennen.«

»Das soll das Fass sein, und hier ist der Schirm«, erklärt Wil. »Wir nehmen das Fass und stecken den Schirm durch. Dann haben wir unsere Spitze.«

Es ist ein ordentliches Geschiebe und Gezerre, aber es passt

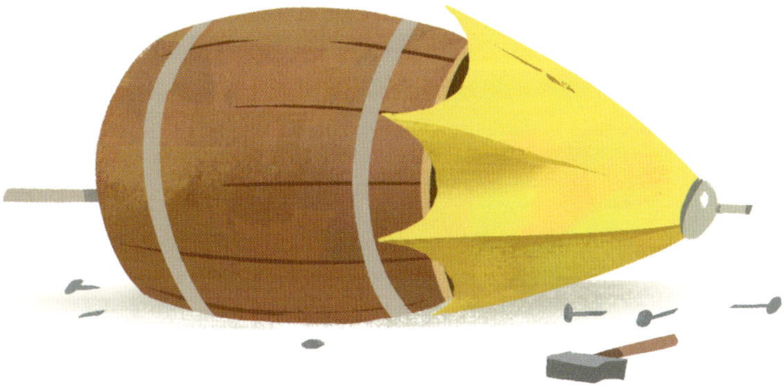

perfekt: Das alte Fass hält das verbogene Gestänge zusammen, und vorn ragt die Schirmspitze heraus.

»Als Nächstes könnten wir dieses lange Brett hier ins Fass nageln, sodass es hinten rausschaut. Dann können wir daran wieder andere Sachen befestigen. Das könnte der Rumpf sein«, schlägt Janne vor.

Wil nickt anerkennend. »Hört sich gut an.«

»Es kommt noch besser: Ich war vorhin bei Frau Klaschulke und habe mir einen Hammer, Nägel und was wir sonst noch so brauchen ausgeliehen!« Stolz kippt sie den Beutel vor Wil aus.

Und er hatte sich schon gefragt, was sie da mitgeschleppt hat. »Janne, du bist krass!«, staunt Wil. »Na dann los.«

Während die Kinder konzentriert hämmern und schleppen, beschäftigt Ezki sich damit, die blaue Babybadewanne einen kleinen, bemoosten Hügel aus Stämmen und Steinen hochzuzerren. Oben angekommen, nimmt er Anlauf, springt mit einem Satz in die Wanne und saust mit halsbrecherischer Geschwindigkeit den Hang hinunter.

»Wenn wir dich nicht hätten«, witzelt Wil, »wir würden echt nichts schaffen!«

»Irgendjemand muss doch hier das Material testen!«, ruft Ezki.

»Kannst du mir mal helfen?«, fragt Janne. Gerade versucht sie, lange Bretter in das Fass zwischen das Gestänge des Sonnenschirms zu nageln.

»Na klaro!« Der Honigdachs ist sofort zur Stelle. Er hängt sein Käppi an einen Zweig. »Warte, ich krabbele rein.« Geschmeidig schlängelt er sich durch die verbogenen Stangen und zerrt das Brett in die richtige Position. Mit seinem ganzen

Gewicht hält er es fest, während Janne von außen die Nägel einschlägt.

»Ich komme mir vor wie ein Zauberer, der Dolche in die Kiste mit der schönen Frau sticht ...«, sagt sie und haut den Hammer auf den Nagel.

»Au!«, schreit Ezki.

Erschrocken sehen Janne und Wil sich an.

Der Dachs steckt den Kopf aus dem Fass. »Nur Spaß!«, ruft er und lacht.

Janne grinst. »Das ist kein Honigdachs, das ist ein Frechdachs!«

Die Kinder haben ordentlich zu tun in den nächsten Tagen. Hausaufgaben, fegen, den Eingang zum Lächeln bringen und dann: nichts wie los zur Lichtung.

Sie kommen gut voran. Der Rumpf des Flugzeugs nimmt Form an. Das Wetter ist sonnig, die Stimmung auch, Frau Klaschulke kann noch immer auf ihr Werkzeug verzichten, und am Wochenende übernimmt Wils Mama die Verpflegung. Brötchen, Obst und Waffeln statt Suppe und Reis.

»Ich kann es mir schon richtig vorstellen!«, sagt Wil zufrieden, nachdem sie wieder stundenlang gewerkelt haben. Er hat sich in eine der Holzkisten gesetzt, die neuerdings als

Flugzeugkörper aneinandergenagelt sind. »Diese hier wird das Cockpit.« Er tut so, als ob er den Steuerknüppel zieht.

Janne steckt sich ein Stück Apfel in den Mund. »Im Moment könnte es auch ein Boot sein«, nuschelt sie. »Was nehmen wir eigentlich als Flügel?«

Wil zuckt die Schultern und sieht sich auf der Lichtung um. »Ich entdecke hier jetzt nichts Brauchbares. Es muss irgendetwas Langes sein. Mindestens drei Meter.«

»Ein dicker Ast? Oder mehrere?«, schlägt Janne vor. »Vielleicht sollten wir für heute Schluss machen und noch eine Runde durch den Wald drehen. Ich habe sowieso schon ganz lahme Arme von der Hämmerei. Dann können wir direkt noch was Schönes für Chop-Luey suchen. Er kommt vor lauter Flugzeug viel zu kurz.«

Wil nickt, und Ezki jubelt. »Yes! Ein Ausflug! Ich bin Ezki, der beste Flügelfinder auf der Welt!«, ruft er, klettert flink an Wil hoch und springt dann weiter auf Jannes Schulter.

»Hey!«, ruft Wil überrascht.

Ezki kichert und blinzelt zwischen Jannes halblangen, schwarzen Haaren hindurch. »Das kitzelt so schön!«

Zusammen laufen sie weiter in den Wald hinein. Einzelne Sonnenfetzen blitzen hin und wieder durch das dichte Blätterdach.

»Ich glaube, wir müssen vom Weg runter. Wir werden nicht direkt vor unserer Nase die perfekten Tragflächen finden«, schlägt Wil vor.

Querfeldein kommen sie langsamer voran. Unter ihren Füßen knacken die trockenen Äste.

»Oh, schau, das ist schön!« Janne hat ein sternförmiges Blatt in der Hand. »Für den goldenen Panda.«

»Dieser Ast sieht auch gut aus!«, ruft Wil. Doch als er ihn hochheben will, bricht er durch. »Oha, komplett morsch.«

Äste gibt es hier genug, aber keiner eignet sich als Flugzeugflügel. Zu krumm, zu kurz, zu verästelt.

»Wo sind wir eigentlich?«, fragt Janne irgendwann.

Wil zuckt die Achseln. »Hm, ich weiß auch nicht genau. Müsste hier nicht bald die Greifvogelstation kommen?«

»Was? Nee, ich dachte, wir sind genau am anderen Ende!«

Verunsichert sehen Wil und Janne sich an.

»Ich glaube, wir sollten langsam zurück. Wird schon dämmrig«, schlägt Wil vor.

Janne legt den Kopf in den Nacken. »Das wird nicht dämmrig. Ich glaube, da braut sich was zusammen«, sagt sie mit Blick auf die Himmelstückchen zwischen den Zweigen.

In dem Moment trifft sie der erste Regentropfen.

Janne hatte recht – schon bald schüttet es wie aus Eimern. Die Turnschuhe der Kinder versinken im aufgeweichten Waldboden. Ezki hat es gut, in Wils Bauchtasche ist es noch trocken und warm. Der Regen prasselt auf Wil und Janne nieder,

die mit gesenkten Köpfen zwischen tropfenden Büschen nach dem Weg suchen.

»Ich weiß nicht mehr, wo es langgeht«, gibt Wil endlich zu und dreht sich zu der tropfenden Janne um.

»Ich auch nicht. Na ja, zumindest ist das kein Gewitter«, murmelt sie.

In dem Moment zuckt grell ein Blitz durch den Wald.

Die Kinder wechseln einen Blick.

»Wir gehen jetzt einfach immer geradeaus, da wird schon irgendwann ein Weg kommen«, sagt Wil, und es hört sich zuversichtlicher an, als es sich anfühlt.

Geradeaus ist allerdings gar nicht so einfach. Immer wieder müssen sie abbiegen, weil Büsche den Weg versperren oder plötzlich ein Steilhang vor ihnen aufragt. Die Donner rollen laut durch den düsteren Wald.

»Komm!«, ruft Janne gegen den Regen an und zieht Wil am Pulli unter einen dicht belaubten Strauch. Aneinandergedrängt hocken sie unter dem Blätterdach.

Ezki wurschtelt sich aus Wils Hoodie. »Wir sind ja immer noch im Wald«, stellt er enttäuscht fest.

Die Kinder wärmen ihre klammen Finger in seinem warmen, weichen Fell.

Als das nächste Mal ein Blitz durch das Grau zischt, zuckt Wil zusammen.

»Da, hinter dem Busch!« Er zeigt in den Regen.

»Was war denn da?«, fragt Janne und starrt in den Vorhang aus Wasser.

»Ein ... Wenn ich das jetzt sage, hältst du mich für bekloppt.«

»Jetzt sag schon!« Janne stößt ihn an.

»Ein Auge.«

Janne zieht die Augenbrauen hoch.

Grell durchbohrt erneut ein Blitz den Wald.

»Ah!«, schreit Janne, denn jetzt sind die Augen ganz nah.

Dann atmet sie laut aus. »Avanti, hast du mich erschreckt!«, stöhnt sie.

Die große Katze mit dem Leopardenmuster steht einen Moment wie eingefroren da, dann huscht sie geduckt unter dem Regen davon.

»Avanti weiß vermutlich, in welche Richtung es geht«, überlegt Wil.

»Stimmt, aber da kommen wir eh nicht hinterher. Sie ist viel zu wendig für uns«, gibt Janne zu bedenken.

Wil nickt. Leopard müsste man sein.

»Komm weiter.«

»Na dann, Avanti, Avanti, los geht's! Hier können wir nicht bleiben, und außerdem habe ich Hunger!«, ruft Ezki und krabbelt eilig zurück in die Bauchtasche.

Leider erkennen die Kinder auch nach den nächsten zehn Minuten noch nichts wieder. Immerhin hat der Regen etwas nachgelassen, das Gewitter scheint weiterzuziehen. Immer wieder stellen quer liegende Stämme oder knietiefe Matschpfützen die Kinder vor die Entscheidung, welchen Weg sie nun nehmen sollen.

»Entscheide du!«, sagt Wil erschöpft. Diesmal ist es ein stacheliger Ilexstrauch, der im Weg steht.

Janne sieht sich um, geht ein paar Schritte nach links, ein paar nach rechts. »Ist das von Avanti?«, fragt sie und hält ein kleines Fellbüschel in der Hand. »Hing im Ilex.«

Wil zuckt mit den Schultern. »Sie passt drunter durch, wir nicht.«

»Hier entlang!«, entscheidet Janne.

Und dann ragt plötzlich genau vor ihnen ein Schild aus dem Boden: Greifvogelpark 200 Meter.

Erleichtert lacht Janne auf.

Wil schüttelt den Kopf. »Ich dachte schon, wir müssen hier übernachten«, sagt er nur halb im Spaß.

»Nicht nötig, ab hier kenne ich mich aus!«, ruft Janne und haut ihm auf den Rücken.

Völlig durchnässt, müde, aber erleichtert, machen sie sich auf in Richtung Prezel. Es nieselt nur noch, und sogar Ezki hat sich wieder auf Wils Schulter gewagt, als der plötzlich stehen bleibt.

»Was ist?«, fragt Janne ungeduldig.

»Die Wurzel da«, sagt Wil.

Janne seufzt. Sie hat keinen Bock mehr auf Umwege und Wurzelgestrüpp. Sie will jetzt nach Hause. »Und, was ist damit?«, fragt sie.

»Ich weiß nicht. Ich muss da mal gucken«, murmelt Wil und legt den Kopf schief.

»Echt jetzt?«, fragt Janne genervt.

»Och jechen, da latschen wir fünfzig Stunden über Äste und Wurzeln, und die musst du dir jetzt unbedingt anschauen?«, nörgelt auch Ezki und wechselt auf Jannes Schulter. »Ich will jetzt Honig! Komm schon.«

Aber Wil lässt sich nicht beirren.

»Ach nö, ich finde, es reicht, genug Wald für heute!«, drängelt Janne.

»Warte.« Wil hält sie am nassen Ärmel fest. »Ich geh da mal kurz gucken.«

Seine Schuhe sind matschverkrustet und seine Füße eiskalt, als er über zwei Stämme Richtung Wurzel balanciert. Was will er hier eigentlich? Unschlüssig klettert er um die Wurzel herum.

»Janne!«, ruft er plötzlich. »Janne, hier ist was!«

Halb unter dem Laub verborgen, ragt ein Stück Leiter hervor.

»Wie kommt die denn hierher?«, fragt Janne erstaunt.

Wil zuckt die Schultern und sieht sich um. »Vielleicht war das mal ein Baumhaus. Hier liegen lauter Bretter, teilweise noch mit Nägeln.«

»Wil!«, ruft Ezki plötzlich direkt in sein Ohr. »Wilwilwil-wiiiil!«

Wil schrickt zusammen. »Ezki, was ist los? Ich höre dich, du stehst auf mir!«

»Das. Sind. Die. Flügel.« Der Honigdachs breitet die Arme aus, als wäre er ein Rockstar auf der Bühne.

»Du hast recht! Die Leiter ist perfekt!« Janne grinst.

»Aber die ist voll matschig und schwer«, gibt Wil zu bedenken.

Janne und Ezki sehen sich an.

»Soooo matschig! Sooo schwer!«, macht Ezki seinen Freund nach.

Da wird Wil sauer. »Das dauert, bis wir die da rausgezogen kriegen! Falls wir das überhaupt schaffen. Da liegen Bretter drauf, und wir müssten sie über den Baumstamm heben.«

Janne und Ezki sehen sich wieder an.

»Wieso heißt du eigentlich Wil? Du willst ja gar nicht!«, stichelt Ezki.

Wil funkelt den Honigdachs an. »Was will ich nicht?«

»Na ja, immer dein Gelaber von wegen: *Konzentration auf das Ziel* und *Ich will fliegen* und so. Jetzt mach doch mal!«, meckert Ezki und springt von Wils Schulter auf die Wurzel.

»Ach, was weiß denn ein Honigdachs schon vom Fliegen?«, blafft Wil seinen Freund an, klettert zurück auf den Weg und geht ein paar Schritte. Als ob er diese Tausend-Kilo-Leiter jetzt durch den Wald schleppt! Er knickt einen Ast ab und zerbricht ihn in kleine Stückchen. Als er sich nach einem zweiten streckt, rutscht sein Ärmel hoch. Ein Stück der schwarzen Feder kommt zum Vorschein.

Wäre natürlich ziemlich gut, so eine Leiter für die Tragflächen.

Wil zieht die Nase hoch und streicht mit dem Finger über die Feder.

»Du hast recht. Ich komme. Wir brauchen die Leiter!«, ruft er und klettert zurück zu seinen Freunden.

Es ist mühsam, schwer und dauert ewig, bis sie die Leiter endlich auf den Weg gewuchtet haben. Moos und Äste haben sich in den Sprossen verfangen, ständig verhakt sie sich in den Wurzeln, und die Stämme sind nass und flutschig.

Auf dem Weg angekommen atmen sie tief durch und schleifen dann das schwere Ding zu ihrem Versteck.

Erschöpft lässt Janne sich auf einen Baumstumpf sinken. »Ich glaube, morgen trage ich mal keine schlammigen Leitern durch verregnete Wälder«, lächelt sie müde.

»Einverstanden!«, sagt Wil lachend.

»Wir sehen uns morgen«, sagt Janne, als sie vor dem Restaurant angekommen, sind.

Wil nickt. Er sieht an Janne hinunter. Die Turnschuhe sind voller Matsch, der Pulli ist immer noch nass, in ihren schwarzen Haaren hängen kleine Blätter. »Du siehst aus wie ein Waldmensch.«

Janne lacht. »Meinst du, du nicht?« Sie zieht einen Zweig aus seiner Kapuze.

»Janne?«

»Ja?«

»Fünfzig Euro gehören natürlich dir«, sagt Wil.

»Welche fünfzig Euro?«, fragt Janne und runzelt die Stirn.

»Na, von dem Gewinn. Für das Flugzeug. Fünfzig für jeden«, erklärt Wil.

»Glaubst du wirklich, dass wir gewinnen?«, fragt Janne ernst.

»Kannst du dir vorstellen, dass noch jemand dafür Leitern durch Wälder schleppt?«, fragt Wil.

»Ich will das Geld nicht. Ich helfe dir, damit du die Wolken von oben sehen kannst. Und dann erzählst du mir, wie sie aussehen«, antwortet Janne. Sie dreht sich um und verschwindet im Restaurant.

Dieses Nī hâo war eine richtig gute Idee von Mama, denkt Wil.

Der Glückskeks

Wil und Janne haben ihren Job im Restaurant in den vergangenen Tagen etwas schleifen lassen, deshalb müssen sie heute noch vor den Hausaufgaben fegen und den Eingang zum Lächeln bringen.

»Hast du schon einen Plan, wie wir die Leiter befestigen?«, fragt Janne und gießt die Topfpflanzen.

»Nee, noch nicht so richtig. Wir legen sie jedenfalls oben quer über die Cockpitkiste. Wenn die Tragflächen erst mal dran sind, sieht es bestimmt schon wie ein Flugzeug aus«, schwärmt Wil und lässt den Handfeger kurz stellvertretend durch die Luft segeln.

»Ich denke, wir sollten die Leiter festbinden. Bei uns zu Hause im Waschkeller war jede Menge Wäscheleine übrig. Ich hab mal was mitgebracht«, sagt Janne und zeigt auf ihren Ranzen.

»Gute Idee!«

Als sie sich gerade auf den Weg zum Versteck machen wollen, fällt plötzlich die blaue Murmel von der Fensterbank auf den Tisch. Klack, klack. Wil fängt sie auf und legt sie vorsichtig zurück neben den goldenen Panda. Ohne Sonne schimmert er nur halb so schön.

»Hier, deine Murmel, Chop-... Moment, hier ist ein dunkler

Keks, Janne.« Irritiert betrachtet er den freundlichen Goldbauch.

Janne bricht den Keks durch und reicht Wil die eine Hälfte.

»Und, was schreibt Chop-Luey?«, fragt er.

»*Wo Rauch ist, da ist auch Feuer*«, liest Janne vor. »Das hört sich nicht gut an …«

»Ach Quatsch, ist doch nur ein Keks«, meint Wil abwinkend.

Jannes Idee mit der roten Wäscheleine funktioniert. Zusammen heben sie die Leiter auf den Flugzeugrumpf. Dann beginnen sie, die beiden Teile miteinander zu verschnüren. Die verschiedenen Sprossen bieten sich zum Durchfädeln an, einer steht rechts vom Flugzeug, einer links, abwechselnd werfen sie sich das Leinenknäuel zu, fädeln durch und ziehen stramm.

Platsch, macht es plötzlich. Ezki ist auf den Hügel geklettert und von dort aus in die Babywanne voller Regenwasser gesprungen.

»Herrlich!« Er schüttelt sich und lässt sich auf dem weißen Rücken treiben.

»Unser fleißiger Helfer«, flüstert Wil, und Janne kichert.

Nachdem das Flugzeug nun Flügel hat, beginnt Wil, das Moos von der Leiter zu schrubben, während Janne ins Cockpit klettert, um einen Platz für die Rechenmaschine zu finden.

Auf einmal fällt ein Schatten auf die Lichtung. Als Janne hochsieht, erkennt sie die Schwingen eines Vogels, so riesig, dass sich für einen Moment die Sonne verdunkelt.

»Da!«, ruft sie erschrocken und duckt sich.

Der große Vogel mit weißem Kopf und gelbem Schnabel landet direkt auf der Leiter neben ihr.

»Hallo, Frieda!«, sagt Wil und strahlt.

»Das ist Frieda?«, fragt Janne mit aufgerissenen Augen.

Der Adler dreht den Kopf und sieht sie an. »Hallo, Janne, ich freue mich, dich kennenzulernen.«

»Sie kennt meinen Namen«, murmelt Janne.

»Wil hat von dir erzählt«, erklärt Frieda mit ihrer ruhigen

Stimme, als wäre es selbstverständlich, dass Wil mit einer Weißkopfseeadler-Dame befreundet ist. »Ich wollte mal den Grund dafür sehen, warum er kaum noch Zeit für mich hat.«

»Wie schön, dass du hier bist! Guck, das wird unser Flugzeug«, sagt Wil stolz und beginnt, Frieda alles zu erklären. »Siehst du? Das war mal ein Sonnenschirm!«

Janne beobachtet Frieda aus sicherer Entfernung. Noch nie hat sie so einen großen Vogel aus der Nähe gesehen. Die Klauen und der gebogene Schnabel sehen beeindruckend aus, und Janne ist froh, dass sie kein Kaninchen ist.

»Und das ist mein Pool!«, ruft Ezki, nimmt Anlauf und landet erneut in der Wanne, aus der das Wasser in alle Richtungen spritzt.

Frieda schüttelt sich und spreizt ihr Gefieder.

»Ich muss zurück«, sagt sie schon bald. »Weiter so«, fügt sie noch hinzu und nickt Janne zu.

»Ein Honigdachs in der Badewanne, ein Leopard im Gebüsch und ein Adler auf unserem Flugzeug. Ich bin gespannt, was als Nächstes kommt. Eine Schlange in der Federmappe vielleicht?«, fragt Janne.

Wil lächelt sie an. »Das war's jetzt, versprochen.«

»Außerdem hast du doch 'nen speckigen, goldenen Panda!«, ruft Ezki.

Stimmt auch wieder.

Der kleine Honigdachs legt sich zum Trocknen auf einen sonnenbeschienen Stein und döst vor sich hin, während Wil und Janne am Flugzeug arbeiten. Plötzlich dreht er den Kopf. War da nicht was im Gebüsch? Ein Hund vielleicht? Womöglich eins von den Kuschelmonstern? Nein, nichts. Seufzend dreht Ezki sich auf den Bauch.

»Ich finde, unser Flugzeug sieht schon richtig gut aus!«, sagt Wil. Er lehnt an einem Baumstamm und betrachtet stolz ihr Werk. Gerade haben sie eine alte Schranktür als Ruder am Heck festgenagelt.

Janne stellt sich neben ihn. Sie nickt. »Ja, finde ich auch! Noch ein paar Kleinigkeiten, dann sind wir fertig. Einen Propeller brauchen wir auf jeden Fall noch.«

»Wir haben noch drei Tage Zeit bis zum Wettbewerb, das schaffen wir locker«, sagt Wil zufrieden.

»Komm, wir machen Schluss für heute.«

Müde, aber zufrieden kraxeln sie zurück auf den Weg. Inzwischen kennen sie hier jede Wurzel und bücken sich automatisch unter jedem herabhängenden Zweig hindurch.

»Oh, hast du das Kaugummipapier hier verloren?«, fragt Janne und hebt einen blau-silbernen Zettel auf.

Wil schüttelt den Kopf. »Nö.«

»Sieht hübsch aus, nehm ich mit«, beschließt sie.

»Vielleicht können wir den Propeller aus diesen Plastikbügeln machen?«, schlägt Janne vor, als sie sich am nächsten Tag wieder auf den Weg zum Versteck machen.

Wil nickt.

Lorenzo winkt ihnen aus seinem Café zu, die Kinder winken zurück. Bei den Garagenhöfen sehen sie Burak mit seinen Jungs beim Skaten. Sie haben einige Stangen in die Mitte gelegt und versuchen, mit ihren Boards darüberzuspringen.

Kaum haben sie den Wald erreicht, wühlt Ezki sich aus der Bauchtasche. »Wir brauchen auch noch diese runden Dinger!«, mischt er sich ein und zupft dabei an Wils Ohr, um sicherzugehen, dass der ihm zuhört.

»Welche runden Dinger?«, fragt Wil.

»Na diese einen, unter den Flügeln! Habe ich auf den Bildern genau gesehen!«

»Ach, du meinst Turbi...« In dem Moment verschlägt es Wil die Sprache. Gerade hat Janne den Tannenzweig zur Seite gezogen und den Blick auf die Lichtung freigegeben.

Das Flugzeug liegt auf der Seite. Die Leiter ist durchgebrochen, das Gestänge des Sonnenschirms verbogen. Schief hängen die Kisten, die einmal das Cockpit waren, auf den Brettern, Nägel ragen nutzlos in die Höhe.

Janne schnappt nach Luft. »Was ...«, stammelt sie.

»Ach du schimmelige Matschkacke!«, ruft Ezki, springt von Wils Schulter und klettert auf das wackelige Flugzeugwrack.

Die Kinder brauchen einen Moment, bis sie in der Lage sind, sich die Sache aus der Nähe anzusehen.

Janne streicht ungläubig über zerbrochene Leitersprossen, während Wil versucht, die Reste des Bauwerks wieder auf den Bauch zu drehen. Gemeinsam gelingt es ihnen, das Flugzeug oder das, was davon übrig ist, aufzurichten. Einzig das Fass und die Spitze scheinen unversehrt. Der Rest erinnert jetzt eher wieder an einen Haufen Sperrmüll.

»Wer war das?«, fragt Wil heiser.

Janne zuckt die Schultern. »Keine Ahnung«, sagt sie und lässt sich auf einen Baumstumpf sinken. »Vielleicht war es sehr stürmisch heute Nacht?«

Wil schüttelt den Kopf. »Ein Sturm zerreißt keine Wäscheleine.«

Immer noch fassungslos starren sie auf das Wrack.

Ganz langsam versteht Wil, was das jetzt bedeutet. »Das war's«, sagt er leise.

Janne nickt und wischt sich über die Augen. »Das kriegen wir in drei Tagen nicht noch mal hin.«

»Die ganze Arbeit umsonst.« Wütend tritt Wil gegen die blaue Wanne, die quer über die Lichtung fliegt.

Ezki krabbelt auf Jannes Schoß. »Vielleicht gibt es den Wettbewerb ja jedes Jahr. Dann machen wir nächstes Jahr wieder mit. Wir suchen ein besseres Versteck, und dann gewinnen wir bestimmt«, schlägt er vor.

Wil schüttelt den Kopf. »Kommt, wir gehen. Ich kann das jetzt nicht mehr anschauen.«

Janne nickt. »Ich hole nur das Werkzeug von Frau Klaschulke, dann können wir es ihr zurückgeben. Das brauchen wir wohl nicht mehr.« Sie seufzt.

Mit hängenden Köpfen stehen sie vor der kleinen Hausmeisterei, direkt neben dem Stadtteilbüro. Wil bemüht sich, bloß nicht zu dem gläsernen Schaukasten hinüberzusehen.

Noch bevor Janne geklopft hat, öffnet Frau Klaschulke die Tür. »Hallo, ihr beiden, was gibt's?«, fragt sie fröhlich, runzelt dann die Stirn und blickt die Kinder besorgt an.

»Wir bringen Ihnen Ihr Werkzeug zurück, vielen Dank noch mal«, sagt Janne ernst.

»Ja, äh, gern, keine Ursache. Aber warum ... Seid ihr fertig mit eurem Flugzeug?«, fragt die Hausmeisterin und sieht von einem zur anderen.

Wil und Janne schauen betreten zu Boden.

»Ja, also, nein, wir ... Wir können nicht weitermachen«, stammelt Wil und betrachtet dabei eingehend seine Schnürsenkel.

In dem Moment kommt Lorenzo herübergeschlendert, seine Hunde im Schlepptau. »Ciao, wie geht's? Darf ich alle zu einem Apfelsaft einladen?«, fragt er gut gelaunt.

Niemand antwortet.

Lorenzo zieht die Augenbrauen zusammen. »Was ist denn los?«

»Also, das wüsste ich jetzt aber auch gern!«, sagt Frau Klaschulke.

»Das Flugzeug ist kaputt«, sagt Janne leise.

»Was?«, rufen die beiden Erwachsenen wie aus einem Mund.

»Was ist passiert?«, fragt Frau Klaschulke.

»Jemand muss unser Versteck entdeckt haben. Das Flugzeug lag auf der Seite, alles ist zerbrochen, abgerissen«, murmelt Wil und räuspert sich.

Die Erwachsenen sehen sich ratlos an.

»Dann reparieren wir es!«, ruft Lorenzo und breitet die Arme aus.

Wil schüttelt den Kopf. »Es ist alles kaputt. Wir müssten fast von vorn anfangen. Und wir haben keine Zeit mehr. In drei Tagen sollte es fertig sein.«

»Drei Tage! Das ist viel Zeit! Das sind, äh, 72 Stunden«, rechnet Frau Klaschulke.

»Und wenn die dann wiederkommen? Und es wieder kaputt machen?«, fragt Janne.

Frau Klaschulke verschränkt die Arme vor der Brust. »Ich glaube, ich habe da eine Idee! Lorenzo, hol den Apfelsaft raus, Lagebesprechung im Café!«

Als die vier einen Apfelsaft vor sich haben, beugt Frau Klaschulke sich weit vor. »Die Garage Nummer 34 ist frei«, flüstert sie und lächelt verschwörerisch.

»Ja, und?«, fragt Wil, bei dem der Groschen noch nicht gefallen ist.

»Das ist perfekt!« Lorenzo grinst. »Na, da könnt ihr das Flugzeug wieder aufbauen! Es ist trocken, ihr habt Licht, und nachts könnt ihr abschließen, damit nichts passiert«, erläutert er.

Janne sieht ihn mit ihren schlauen, dunklen Augen an. »Wir müssten zuerst alles hierhertransportieren«, überlegt sie.

»Nach dem, was ihr erzählt habt, handelt es sich ja nun wieder hauptsächlich um kleinere Teile. In diesem Fall praktisch, oder?«, fragt Frau Klaschulke.

Wil nickt. »Bis auf die Spitze und den Rest des Rumpfes.«

»Das könnten wir wieder auf den Kinderwagen laden«, schlägt Janne vor.

Wil holt tief Luft. Die Hände tief in Ezkis warmem Fell vergraben, denkt er nach. Alles noch mal von vorn? Und wenn sie das jetzt nicht mehr pünktlich schaffen? Dann war alles umsonst.

»Ich weiß nicht.«

Er fühlt Ezkis kleine Pfötchen an seinem Unterarm. Autsch! Er zuckt zusammen. »Au!« Verflixt, jetzt hat der Frechdachs ihn ordentlich gezwickt.

»Was ist los?«, fragt Lorenzo.

»Ach nichts«, antwortet Wil und zieht den Ärmel hoch, um über die schmerzende Stelle zu reiben.

»Was hast du da?«, fragt Janne und zeigt auf eine schwarze Feder. Etwas verblasst, aber immer noch deutlich erkennbar.

Manchmal muss man reagieren, ausweichen, umdenken. Man darf sich nicht abbringen lassen. Sonst kommt man nicht an.

»Die Feder soll mich daran erinnern, dass man sich auf das Ziel konzentrieren muss«, sagt Wil leise.

Janne lächelt. »Frieda?«, flüstert sie.

Wil nickt.

»Na dann.«

»Okay«, sagt Wil entschlossen. »Danke, Frau Klaschulke. Danke, Lorenzo, für den Apfelsaft. Wir haben jetzt keine Zeit mehr, wir müssen das Flugzeug holen.«

»Bravissimo!«, jubelt Lorenzo, und die beiden Erwachsenen klatschen lautstark ihre Hände gegeneinander. »Avanti, avanti! Los geht's.«

Während sie Richtung Wald laufen, muss Wil an die Streunerin denken, Avanti, die Leopardenkatze. Ob sie einen festen, sicheren Unterschlupf hat? Zumindest ihren Hunger muss sie täglich

irgendwie stillen, sich etwas einfallen lassen. Da ist schließlich niemand, der ihr bequem eine Dose Katzenfutter serviert. Die ist eindeutig ein Profi darin, immer neue Wege zu finden. Da kann er sich was abgucken, findet er.

»Wil, jetzt komm endlich!«, ruft Janne.

Frau Klaschulke hat die Garage schon aufgeschlossen und gleich ihr Werkzeug mitgebracht.

»Herrje, wenn ich den erwische, der das getan hat!«, flucht sie, als Janne und Wil mit der ersten Fuhre angeschoben kommen.

Bei dem schweren Rumpf hilft Lorenzo mit, und als endlich alles in der neuen Garagenwerkstatt angekommen ist, erklärt Wil den Erwachsenen, wie das Flugzeug aussehen soll.

Die zwei sind beeindruckt.

»Da merkt man, dass du dich auskennst«, sagt Frau Klaschulke anerkennend.

»Den Propeller wollen wir aus diesen Bügeln machen.

Haben Sie vielleicht eine Heißklebepistole?«, fragt Janne. Jetzt bloß keine Zeit verschwenden.

Die Hausmeisterin nickt. »Komm mit.«

Wil kann es kaum glauben, aber als Lorenzo zurück ins Café muss und Frau Klaschulke zu einer verstopften Regenrinne in der Nummer 352 gerufen wird, sieht das Flugzeug fast wieder so aus wie vorher. Plus Bügel-Propeller. Sie haben die Maschine mithilfe der Erwachsenen auf einen Tapeziertisch gehoben. Und auch, wenn es hier in der Garage etwas eng ist, sind sie dankbar für diesen trockenen Platz, wo das Flugzeug in Sicherheit ist.

»Jetzt kann nichts mehr schiefgehen.« Janne seufzt zuversichtlich.

Wenn sie sich da mal nicht geirrt hat!

Wolkenstürmer

Als Mama heute früh mit dem Tee hereinkommt, ist Wil bereits hellwach. Morgen. Morgen ist der Wettbewerb.

»Guten Morgen, mein Lieblingspilot, hast du gut geschlafen?«, fragt Mama, setzt sich auf die Bettkante und strubbelt ihm durch die Haare.

»Ach, ich weiß nicht.« Wil schüttelt den Kopf. »Ich habe von schrumpfenden Flugzeugen geträumt und dass ich den kompletten Wettbewerb einfach verschlafen habe.«

Mama lacht. »Keine Sorge, ich werde dich morgen wecken, und wenn ich dir einen Eimer kaltes Wasser über den Kopf kippen muss, versprochen!«

Dann steht sie auf und winkt zum Abschied.

In der Schule ist Wil ganz hibbelig. Eigentlich hat er für so unwichtige Sachen wie Adjektive und Verben gerade überhaupt keine Zeit! Zum Glück ist in der dritten Stunde Kunst. Völlig versunken schraffiert er den Rumpf seiner Boeing und zieht die Linien der Fenster nach.

»Na, Wil, was ist denn jetzt mit den Wolken, die du noch dazumalen wolltest?«, fragt seine Lehrerin, die plötzlich neben ihm steht.

»Ich habe Ihnen doch schon gesagt, ich weiß nicht, wie die Wolken von oben aussehen«, antwortet Wil.

»Tja, aber wir können ja nun nicht ewig warten, bis du eines Tages mal in ein Flugzeug steigst und nachsehen kannst!« Die Lehrerin schaut ihn ungeduldig an.

Wil steht auf und blickt ihr direkt in die Augen. »Das müssen Sie nicht. Ich werde die Wolken von oben sehen. Bald.«

Noch vor dem Essen schaut Janne in der Garage 34 vorbei – und auch Wils erster Weg führt zum Flugzeug.

»Gut, dass du kommst, halt mal fest«, begrüßt Janne ihn. »Das wird die Windschutzscheibe.« Sie hat gerade die durchsichtige Schreibtischunterlage vom Sperrmüll passend geschnitten und quetscht einen dicken Streifen Heißkleber darauf. Zusammen drücken die Kinder sie an den Rand des Holzkistencockpits.

»Sieht super aus«, findet Wil. Stolz betrachten sie ihr Werk. »Aber irgendwas fehlt noch.«

»Was denn?« Janne ist eigentlich zufrieden.

»Diese Turbidingsda«, sagt Ezki, der im Cockpit sitzt und so tut, als ob er durch die Lüfte saust.

»Die Turbinen, stimmt, aber das meine ich nicht«, murmelt Wil.

»Wir müssen überlegen, wie wir es morgen heil ins Stadtteilbüro bekommen«, ergänzt Janne.

»Stimmt auch, aber da ist noch was.«

Gerade als sie das Garagentor zuklappen, um ins Chinarestaurant zu gehen, hält Wil plötzlich das Tor fest und sieht Janne mit großen Augen an. »Jetzt weiß ich, was noch fehlt!«

»Na, da bin ich aber mal gespannt.«

»Farbe! Wir malen das Flugzeug an! Hier ist alles so grau, die Häuser, der Prezel, die Garagen, alles. Unser Flugzeug soll kunterbunt leuchten«, sagt Wil strahlend.

»Oh, das ist gut«, findet Janne. »Es gibt nur ein Problem: Wir haben keine Farbe.«

Als sie bei Glasnudelsuppe und gebratenen Nudeln sitzen, macht Janne einen Vorschlag. »Wie wäre es, wenn ich mich um die Turbinen kümmere, und du versuchst, irgendwo Farben und Pinsel zu organisieren?«

»Einverstanden«, nickt Wil. »Ich seh mal bei uns im Keller nach. Als wir eingezogen sind, hat Mama die Wände gestrichen.«

Als Janne ordentlich Hefter und Buch zurück in den Ranzen legt, muss sie blinzeln. Sonnenstrahlen spiegeln sich in Chop-Lueys goldener Haut. Sein Gesicht liegt im Schatten.

Lächelnd sieht sie auf und streicht über seinen Bauch. »Was schaust du denn so düster, alter Panda?«, murmelt sie und dreht ihn so, dass die Sonne auf sein freundliches Gesicht fällt. »Oh, schau, Wil, ein dunkler Glückskeks!«

Wil sieht sie besorgt an. »Letztes Mal stand da was von Rauch und Feuer, und dann war das Flugzeug kaputt.«

»Aber da kann Chop-Luey nichts dafür! Es war eine Warnung, und

wir haben sie nicht ernst genommen. Erinnerst du dich, dass wir dieses Kaugummipapier gefunden haben? Und trotzdem haben wir nicht geschnallt, dass jemand unser Versteck entdeckt hat. Diesmal sollten wir die Nachricht des Pandas aufmerksamer lesen.«

»Das ist es ja gerade. Das ist halt nicht einfach nur ein Keks.« Wil runzelt die Stirn.

Janne bricht den Keks durch, reicht ihm die Hälfte, atmet tief durch und entfaltet den Zettel. »*Geteilte Freude ist doppelte Freude*«, liest sie vor.

»Okay, das hört sich doch erst mal ganz gut an«, sagt Wil erleichtert und macht sich auf den Weg in den Keller.

Mit Ezkis Hilfe findet er einige Dosen Farbe. Wie praktisch, dass der kleine Honigdachs so fix ist und problemlos über Umzugskisten und Wils altes Kinderrad klettern kann. »Pinsel sind hier auch«, hört man ihn aus den Tiefen des alten Kleiderschranks rufen, »aber völlig eingetrocknet.« Als er auf dem Berg aus Kartons auftaucht, hat er eine graue Staubschicht auf seinem weißen Cap. »Hatschi!«

Wil befühlt die steinharten Pinsel. »Hm, du hast recht. Wir gehen mal bei Lorenzo vorbei, vielleicht hat der noch Malsachen.«

Als Wil ins Café kommt, wischt Lorenzo gerade die Tische.

»Farbe und Pinsel? Ich weiß nicht genau. Wenn du willst, sieh selbst im Keller nach, ob du etwas gebrauchen kannst. Einfach die Treppe runter.« Er zeigt mit dem Putzlappen auf eine braune Tür.

Wil sieht sich in Lorenzos Keller um. Aschenbecher, Sitzpolster für die Stühle, keine Pinsel.

»Die sind doch schick!«, ruft Ezki plötzlich. Er steht auf einem wackeligen Cafétisch und hat sich in eine grün-weiß-rote Plastiktischdecke eingewickelt.

»Stimmt! Das sind die alten Decken, Lorenzo hat jetzt neue.« Wil ist begeistert. »Ob wir die haben dürfen?«

Sie dürfen, und zufrieden schleppt Wil die Fundstücke zur Garage.

»Was machst du da?«, fragt er überrascht, als er seine Freundin sieht.

Janne sitzt inmitten eines Bergs leerer Wasserflaschen. »Turbinen. Gut, dass du wieder da bist, kannst du gleich mithelfen.« Sie erklärt Wil, dass sie immer fünf Plastikflaschen mit Klebeband zusammenschnüren will. Dieses Konstrukt muss dann nur noch unter den Flügeln befestigt werden. »Und fertig sind unsere Turbinen!«

»Sehr gut, und auch gut, dass du sie noch nicht dran hast. Guck mal, ich habe diese coolen Decken von Lorenzo bekommen. Was hältst du davon, wenn wir die um die Leiter wickeln? Dann sieht man die kaputten Sprossen nicht mehr.«

Die grün-weiß-roten Flügel mit den Wasserflaschen-Turbinen sehen spitzenmäßig aus.

»Komm, wir fragen Frau Klaschulke, ob sie Pinsel für uns hat«, schlägt Janne vor, und gemeinsam laufen sie über den Prezel.

Tessa sitzt auf der Bank neben dem Stadtteilbüro zwischen ihren Tüten. Janne bleibt stehen. »Hallo, Tessa«, sagt sie freundlich. »Wie war der Urlaub?«

Die alte Dame lächelt sie an. »Der Fisch ist im Angebot«, flüstert sie verschwörerisch.

»Alles klar, danke. Tschüss«, sagt Janne und winkt.

»Ach, da sind ja meine Lieblings-Konstrukteure! Wie läuft's? Alles bereit für den großen Tag morgen?«, begrüßt Frau Klaschulke sie.

Wil wird ganz heiß. Schon morgen!

»Fast fertig. Wir wollten fragen, ob Sie uns vielleicht ein paar Pinsel leihen können?«, fragt er.

Die Hausmeisterin beginnt sofort, in ihren Schränken zu wühlen. »Wie soll euer Himmelsstürmer eigentlich heißen?«, fragt sie, den Kopf halb in einer Schublade.

Wil und Janne sehen sich an.

»Äh … Da haben wir noch gar nicht drüber nachgedacht«, stammelt Wil.

»Dann wird's aber Zeit!« Frau Klaschulke zwinkert ihnen zu.

»Also … ich finde Himmelsstürmer eigentlich gar nicht schlecht«, sagt Janne und zuckt mit den Schultern.

Wil nickt langsam. »Nein. Nicht Himmel, sondern Wolken. Wolke … Cloud … Das hatten wir in Englisch. Aber Stürmer? Frau Klaschulke, wissen Sie, was Wolkenstürmer auf Englisch heißt?«

Die Hausmeisterin zieht ihr Handy aus der Tasche. »Hier, googele das doch mal.«

Die Kinder beugen sich tief über das Display.

»Cloudstormer! Unser Flugzeug heißt Cloudstormer«, sagt Wil und klatscht sich mit der Hand aufs Bein.

»Au ja! Sollen wir es nicht heute Abend alle gemeinsam taufen? Sie müssen dabei sein, Frau Klaschulke! Und Lorenzo, der darf auch nicht fehlen. Und natürlich Oma!«, ruft Janne.

»Und meine Mama muss auch kommen!«, ergänzt Wil.

»Das hört sich hervorragend an.« Die Hausmeisterin lächelt. »Hier sind Pinsel und ein Rest Farbe.«

Auf dem Prezel sind längst alle Lampen an, als die kleine Truppe sich vor der verschlossenen Garage versammelt. Frau Liu hat ein Tablett voller Reisbällchen und kalter Wan-Tans mitgebracht, und Wils Mama selbst gemachte Melonenlimo und Becher zum Anstoßen.

»Na, ihr macht es aber spannend«, sagt Frau Klaschulke und steckt die Hände tief in die Taschen ihrer Arbeitshose.

Die beiden Hauptpersonen sind ein bisschen aufgeregt. Janne stößt Wil in die Seite, und der räuspert sich.

»Ja, also ... Wir wollten uns bei euch bedanken. Ihr habt uns immer geholfen, mit Hammer, Nägeln und Heißkleber, mit Glasnudeln, mit Tischdecken und Apfelsaft.«

Es ist ganz still geworden. Als Wil nicht mehr weiterweiß, übernimmt Janne.

»Und jetzt sind wir fertig! Meine Damen und Herren: Cloudstormer!«, ruft sie und öffnet schwungvoll das Garagentor.

Für einen Moment sagt niemand ein Wort. Alle starren in Garage 34, bis plötzlich ...

»Wasch dir mal die Füße!«, ruft eine schmale, kleine Frau, die gerade mit zwei Tragetaschen über den Garagenhof eilt.

»Tessa«, wundert sich Janne kichernd. »Was machst du denn hier?«

Und plötzlich reden alle durcheinander.

»Wow, das sieht einfach unglaublich aus!«

»Der Propeller kann sich ja sogar drehen!«

»War das mal eine Babybadewanne?«

Cloudstormer sieht prachtvoll aus. Wil und Janne haben das Flugzeug mit den verschiedenen Farbresten angestrichen, und Janne hat in ihrer schönsten Schrift *Cloudstormer* auf den Rumpf geschrieben, direkt in eine dicke, weiße Wolke. Stolz, mit roten Wangen, stehen die Kinder daneben und nehmen die Komplimente entgegen.

»Ich habe eine Flasche mitgebracht, zum Taufen!«, ruft Lorenzo und hält ein Seil hoch, an dem eine kleine Flasche Wasser baumelt. Sie befestigen das Seil an der Garagendecke, dann umfassen Wil und Janne gemeinsam die Flasche. Sie sehen sich an.

»Flieg bis über die Wolken!«, ruft Janne.

»Wir taufen dich auf den Namen Cloudstormer!«, sagt Wil.

Dann lassen sie die Flasche los, die am Bug klirrend in tausend Scherben zerspringt.

Die Gäste jubeln und klatschen. »Juchhe!«

»Allzeit guten Flug!«

Noch lange stehen sie in der Garage, futtern Reisbällchen und bewundern das Flugzeug. Gerade als Wils Mutter und

Frau Liu anfangen, zusammenzuräumen, kommt Burak auf seinem Skateboard vorbei. »Jo, was geht denn hier ab?«, fragt er und flippt sein Board hoch.

»Wir haben ein Flugzeug gebaut«, sagt Wil und verschränkt die Arme.

Burak muss sich auf die Zehenspitzen stellen, um über die anderen hinwegzusehen. Als sein Blick auf Cloudstormer fällt, zieht er überrascht die Augenbrauen hoch. Prüfend sieht er von Janne zu Wil. »Echt jetzt? Ihr beide? Krass.«

Ja, das findet Wil auch.

»Fett, das Teil«, fügt Burak noch hinzu, nickt anerkennend und schwingt sich wieder auf sein Board.

»Morgen um zwei an der Garage«, sagt Janne zum Abschied.

Ein Schauer rauscht durch Wil, einmal vom Kopf bis zu den Füßen. Schon morgen!

»Um zwei.« Er nickt.

»Hatte Chop-Luey mal wieder recht«, sagt Janne grinsend.

»Hatte er. Bis morgen!«

Tag X

Auf dem Prezel ist nicht viel los. Die Sonne scheint, die Tische vor dem Café Italia sind verwaist, vor dem kleinen Supermarkt sortiert jemand Flaschen in einen Ständer.

Wil ist viel zu früh dran, und trotzdem wartet Janne schon vor der Garage auf ihn. Ein letztes Mal kontrollieren sie, ob alles ausreichend befestigt ist. Janne wischt mit einem Tuch unsichtbaren Staub weg, Wil verstärkt zur Sicherheit die Plastikflaschen-Turbinen mit einem weiteren Klebeband.

»Wil«, ruft Janne plötzlich, »wir haben ganz vergessen, uns nach einem weiteren Fahrgestell umzusehen!«

»Mist.« Wils Herz schlägt noch doller als ohnehin schon. »Meinst du nicht, der Kinderwagen reicht?«

»Auf keinen Fall! Wenn Cloudstormer da runterkracht, ist er hinüber.«

»Ich frage Frau Klaschulke«, sagt Wil und saust los.

In der Hausmeisterei ist niemand, aber die Tür ist offen. »Bin gleich wieder da«, steht auf einem Zettel.

Wil geht hinein und sieht sich um. Hm. Was könnte helfen? Das Rollbrett ist zu niedrig, das passt nicht mit den Turbinen.

Ezki ist aus seiner Bauchtasche gekrabbelt, sitzt auf dem Schreibtisch und versucht, die Dose mit den Bonbons

aufzubekommen. Er klammert sich mit den Hinterbeinen daran fest und zerrt an dem widerspenstigen Deckel.

Vielleicht kann er das Heck auch einfach tragen, und die Schnauze legen sie auf den Kinderwagen, überlegt Wil.

Ganz in Gedanken öffnet er die angelehnte Schranktür. Da schießt ihm plötzlich etwas entgegen. Er hört ein Fauchen, fühlt einen Stoß auf Brusthöhe, taumelt zurück und hält sich erschrocken an der Türklinke fest.

In dem Moment ploppt der Deckel der Bonbondose auf und fliegt samt Honigdachs im hohen Bogen auf den Schreibtischstuhl, der mit Schwung durch das Zimmer rollt, genau gegen Wils Bein.

»Aua!«, keucht Wil.

Auf dem Schrank steht Avanti. Mit aufgestelltem Schwanz beobachtet sie ihn. Völlig bewegungslos starrt sie ihn mit ihren grünen Augen an. Nur die Schwanzspitze zuckt. Flink klettert Ezki vom Stuhl hinunter und flitzt zurück zu Schreibtisch und Bonbons.

»Hast du mich erschreckt!«, murmelt Wil und reibt sich das Bein. »Na ja, ich dich vermutlich auch.« Er öffnet die Eingangstür und geht ein Stück zur Seite.

»Du willst bestimmt raus? Na, dann mal los.«

Avanti hat sich inzwischen hingesetzt und lässt den Jungen weiterhin nicht aus den Augen. Dann, in dem Moment, als Wil sich gerade zu Ezki umdrehen will, springt sie in einer einzigen fließenden Bewegung vom Schrank auf die Werkbank, weiter auf den Tisch und die Fensterbank und gleitet elegant durch das gekippte Fenster.

»Die hat ihre eigenen Vorstellungen«, murmelt Wil. »Warum durch die Tür, wenn man auch durch einen winzigen Fensterspalt kann?« Seufzend lässt er sich auf den Stuhl sinken und sieht sich um. Grübelnd rollt er durch den Raum. Was könnte er bloß als Transporthilfe nehmen? Moment mal. Warum nur auf einem Stuhl sitzen, den man ganz wunderbar schieben kann? Das ist es!

»Wir nehmen den Stuhl!«, ruft Wil, denn plötzlich ist alles klar. Die Neonröhre an der Decke flackert. Das Heck auf dem Kinderwagen, den Bug auf dem Schreibtischstuhl – so können sie Cloudstormer sicher transportieren.

Er schreibt schnell einen Zettel und legt ihn neben das leere Bonbonglas.

Habe mir kurz den Stuhl ausgeliehen.
Wil

Vorsichtig hieven sie das Flugzeug vom Tapeziertisch auf Kinderwagen und Drehstuhl. Etwas wackelig zwar, aber es funktioniert.

»Hier, ein letzter Glückskeks.« Jannes Augenlid zuckt. Sie faltet den Zettel auseinander. »*Wir können den Wind nicht ändern, aber wir können die Segel richtig setzen.*« Sie runzelt die Stirn.

»Dann los«, sagt Wil heiser.

Langsam bugsieren sie die Konstruktion über den Prezel. Wil geht vorn und schiebt den Stuhl, Janne stabilisiert von hinten.

Tüten-Tessa kommt vorbei und bleibt verdutzt stehen. »Der König kommt erst morgen«, sagt sie verwundert.

Janne und Wil sind zu aufgeregt, um darüber zu lachen.

In dem Moment kommen Burak und seine Jungs angefahren.

»Was'n das?«, ruft einer und will auf Cloudstormer zurasen.

In dem Moment hebt Burak die Hand und pfeift kurz und laut durch die Zähne.

Sein Freund sieht ihn erstaunt an.

»Kommt mit, ich geb einen aus«, sagt Burak.

Gemeinsam stürmen sie in Richtung Supermarkt davon.

Wil dreht sich zu Janne um. Seine Freundin zieht ratlos die Schultern hoch.

Als sie um die Ecke biegen, können sie das Stadtteilbüro schon sehen. Die Tür ist weit geöffnet, Leute gehen ein und aus.

Wil schluckt und hält sich an Cloudstormer fest. Als sie näher kommen, sehen sie einen Aufsteller vor der Tür. »Heute Modellbauwettbewerb«, ist dort zu lesen.

»Wil«, ruft Janne leise.

Widerwillig löst er den Blick von dem Flugzeug auf dem Plakat und dreht sich zu ihr um.

Janne sieht ihn mit weit aufgerissenen Augen an.

»Was denn?«, fragt er und runzelt die Stirn.

Anstatt zu antworten, nickt sie mit dem Kopf zu der kleinen Schlange, die sich vor der Tür gebildet hat.

Drei Männer und eine Frau stehen an. Jede einzelne Person hält ein Flugzeug in den Händen. Alles perfekte Miniaturausgaben großer Maschinen. Wil erkennt eine Boeing 747, dahinter eine Hangar 9. Es sind filigrane, aerodynamische Flug-

zeuge aus Aluminium und Styropor, makellos lackiert.

Einer der Männer sieht zu ihnen herüber, stößt seine Nachbarin an, zeigt auf Cloudstormer und lacht.

Und da versteht Wil.

Hier ging es nicht darum, irgendein Flugzeug aus irgendwas zu bauen. Perfekte Modelle, Miniaturausgaben der großen Flugzeuge sind gefragt.

Sie haben keine Chance. Geradezu lächerlich wirkt Cloudstormer neben den Profimodellen. Niemand hat sich hier Material im Wald gesucht oder gar auf dem Sperrmüll. Alles ist professionell gesägt, gelötet, eingepasst. Klebeband und Plastikflaschen? Was hat er sich bloß gedacht?

»Sind das etwa Kleiderbügel?«, fragt die Frau und kann das Lachen nicht hinter ihrer Hand verbergen.

Nach und nach verschwinden die perfekten Modelle samt Besitzern im Stadtteilbüro.

»Wolltet ihr mitmachen?«, fragt ein Mann am Eingang, schüttelt den Kopf und klickt mit dem Kuli.

Cloudstormer hätte nicht mal durch die Tür gepasst.

Verloren stehen die Kinder

neben ihrem Flugzeug. Ein Windstoß lässt den Bügel-Propeller kreisen.

Langsam dreht Wil sich zu Janne um. Er kann ihr nicht in die Augen sehen. Vorsichtig steckt Ezki sein Näschen aus dem Hoodie. »Was'n los?«, will er wissen.

»Das war's dann wohl«, sagt Janne traurig.

Wil legt den Kopf in den Nacken. Es ist windig, die Wolken huschen über den Himmel, ein Vogel segelt weit oben mit ausgebreiteten Schwingen durch die Luft. So geht Fliegen.

Manchmal muss man reagieren, ausweichen, umdenken.

Und manchmal muss man aufgeben.

Ein Blatt tanzt im Wind, nein, es ist kein Blatt. Es ist eine Feder. Sie trudelt, tanzt nach rechts, links, landet vor Wils Füßen. Er bückt sich und hebt sie auf.

Den Wind können wir nicht ändern …

Als er den Kopf dreht, entdeckt er Avanti. Wie immer sieht die Leopardenkatze ihn unverwandt an. Dabei schreitet sie gemächlich an der Schlange der Modellbauer vorbei, dann klettert sie leichtfüßig einen Müllcontainer hoch, als habe man eigens für sie Stufen eingebaut.

»Wil!« Ezki hat sich still und leise an dem Kapuzenbändchen heraufgehangelt. Mit einem Pfötchen greift er nach Wils Kinn und zwingt ihn, ihm zuzuhören. »Willst du jetzt diese blöden Wolken sehen oder nicht? Will Wil?«, fragt er mit zusammengebissenen Zähnen. Er klingt fast ein bisschen wütend.

Wil schluckt. Was stand in dem Keks? ... *aber die Segel richtig setzen*.

Sein Atem geht schneller, fest drückt er die Feder in seiner Hand. »Nein. Nein, Janne, das war es nicht! Komm mit«, sagt er mit fester Stimme. Er dreht sich wieder zu dem Mann mit Kuli und Liste. »Tragen Sie uns ein, wir machen mit. Janne und Wil, unser Modell heißt Cloudstormer. Wolkenstürmer, verstehen Sie?« Ohne eine Antwort abzuwarten, beginnt er, das Flugzeug um das Stadtteilbüro herumzuschieben. »Ich habe einen Plan: Wir bringen es auf die andere Seite. Dann können es alle durch die großen Fenster sehen«, erklärt er Janne, die noch nicht ganz verstanden hat.

Der Bereich ist uneben, die Fliesen haben Rillen, in denen die kleinen Rollen des Bürostuhls immer wieder hängen bleiben. Aber das macht nichts. Wil ist nicht mehr aufzuhalten.

Sie bringen Cloudstormer vor den Fenstern in Position und warten. Sie können sehen, wie drinnen die perfekten Modelle auf Tischen präsentiert werden. Leute gehen herum, nicken zustimmend, reden miteinander, bücken sich, um Details besser erkennen zu können.

Wil steht aufrecht neben seinem Flugzeug. Janne sieht ihn erstaunt an.

Plötzlich sieht der erste Besucher die Kinder und ihr Modell. Er kommt zum Fenster und schaut ungläubig zwischen der Cloudstormer, Wil und Janne hin und her. Nach und nach werden sie auch von anderen entdeckt, und irgendwann öffnet jemand die Terrassentür. Einzelne Fachleute kommen zu ihnen heraus. Manche schmunzeln, andere staunen. Sie gehen um das Flugzeug herum, streichen verwundert über die Babybadewanne und die Schranktüren.

»Habt ihr zwei das etwa ganz allein gebaut?«, fragt ein Mann mit Schiebermütze, und er klingt beeindruckt.

»Ja, das haben wir«, bestätigt Wil, und Janne nickt. Sie beschreiben ihm genau, wie sie die Cloudstormer konstruiert haben.

Der Mann hört zu, fragt nach, lässt sich alles erklären. »Beachtlich. Da kennt sich jemand aus mit Flugzeugen«, sagt er schließlich und nickt Wil und Janne zu.

Einige Zeit später wird der Preis verliehen. Eine gelbe Cessna ist zum Sieger gekürt worden, und ihr Besitzer erhält die 100 Euro.

Nach der Preisverleihung kommt der Mann mit der Mütze nach draußen. »Ich möchte euch ein Angebot machen. Einen Tausch.«

Die Kinder sehen ihn überrascht an.

»Wisst ihr, ich bin verrückt nach Flugzeugen. Ich sammle alles, was ich kriegen kann. Ich würde gern eure *Cloudstormer* in meiner Firma ausstellen, im Eingangsbereich«, sagt der Mann.

»Und was bekommen wir dafür?«, fragt Janne.

»Ich bin Pilot und besitze ein kleines Sportflugzeug«, erklärt der Mann. »Wenn ihr mögt und eure Eltern nichts dagegen haben, nehme ich euch mit auf einen Rundflug.«

Wil in den Wolken

Wil ist froh, dass es heute bedeckt ist.

»Werden wir auch durch die Wolken fliegen?«, erkundigt er sich auf dem Weg über das Rollfeld.

»Aber natürlich!« Der Pilot lacht.

Janne stößt Wil an und zeigt auf seine Mutter und Frau Liu, die am Zaun stehen und winken.

Lächelnd hebt er die Hand. Heute ist es so weit. Wil ist aufgeregt und kann kaum richtig zuhören, als der nette Pilot ihnen alles erklärt.

»Dann mal rein mit euch!«, sagt er und hilft den Kindern, in die kleine Maschine zu klettern.

Als sie die Startbahn entlangrasen, ist Wil einen Moment lang verblüfft, wie laut es dröhnt. Dann hebt sich die Nase des Flugzeugs, und sie werden in die Sitze gepresst. Janne quietscht.

Als die Maschine gerade in der Luft liegt, fliegen sie zuerst einen weiten Bogen. Ganze Felder werden zu kleinen Vierecken, Seen zu Pfützen.

Die Menschen sind tatsächlich klein wie Ameisen. Mamaameise. Je höher sie fliegen, desto weiter wird der Blick. Wälder, Straßen, Häuser, alles passt in einen Wimpernschlag.

Dann steigt die Maschine höher.

Plötzlich ruckelt es ordentlich. Das kleine Flugzeug vibriert, Wassertropfen rennen über die Scheiben, alles ist grau. Gar nichts kann man mehr sehen. Wie gut, dass im Innern einer Wolke nichts im Weg stehen kann.

Plötzlich reißt der Himmel auf. Wil blinzelt, so grell scheint ihm die Sonne entgegen. Strahlendes Blau über ihnen. Langsam sieht er sich um. Weiße Wolkengebilde ragen wie Schaum um sie herum auf. Es gibt flache Lagen, dünn geschichtet, einzelne Flusen, die in der Luft stillstehen, und ganze Gebirge, dick und wattig. Ein riesiges Wolkenlabyrinth, Wolken unter, über und neben Wil, zum Greifen nah.

Aus der Nähe ist jede Wolke ein Kunstwerk, keine gleicht der anderen. Sie sind unregelmäßig, es gibt Nischen und Lücken, fast immer strahlend weiß, manchmal rosa und hellgrau.

Wil drückt sein Gesicht ans Fenster und versucht, nicht zu blinzeln, um nichts zu verpassen.

Janne neben ihm stupst ihn an und lacht. »Da hast du deine Wolken, du Wolkenstürmer!«

Ende

FACE THE CHALLENGE BY KLITSCHKO®

Eine Methode, die für alle anwendbar ist

Das Buch, das Sie gerade in den Händen halten, basiert auf den Grundsätzen der FACE-Methode. Die eigentliche Herausforderung für unser Team bei Klitschko Ventures bestand darin, die Erfahrungen und Fähigkeiten von Dr. Wladimir Klitschko in Prinzipien und Werkzeuge umzuwandeln, die für jedermann anwendbar sind. Mit anderen Worten: Es ging darum, seinen beispielhaften Werdegang auf universelle und für jeden zugängliche Techniken herunterzubrechen. Schließlich haben nur wenige von uns die Absicht, Boxweltmeister im Schwergewicht zu werden. Stattdessen hat jeder von uns private oder berufliche Herausforderungen zu bewältigen. FACE hilft Menschen dabei, den nächsten Schritt in ihrem Leben oder ihrer Karriere zu definieren und zu meistern. Mit Willenskraft.

Die Methode ist ein Schlüssel zur persönlichen Entfaltung, zu wissen, was man wirklich will, und sich daran zu halten, mit Resilienz, auf Dauer und trotz aller Zweifel den Mut zu bewahren. Der Mut, sich selbst und seinem

Wertesystem treu zu bleiben, um das, was man denkt, mit dem, was man täglich tut, in Einklang zu bringen.

Die vierstufige Methode basiert auf den Kernfähigkeiten Focus, Agility, Coordination, Endurance – Konzentration, Beweglichkeit, Koordination und Ausdauer:

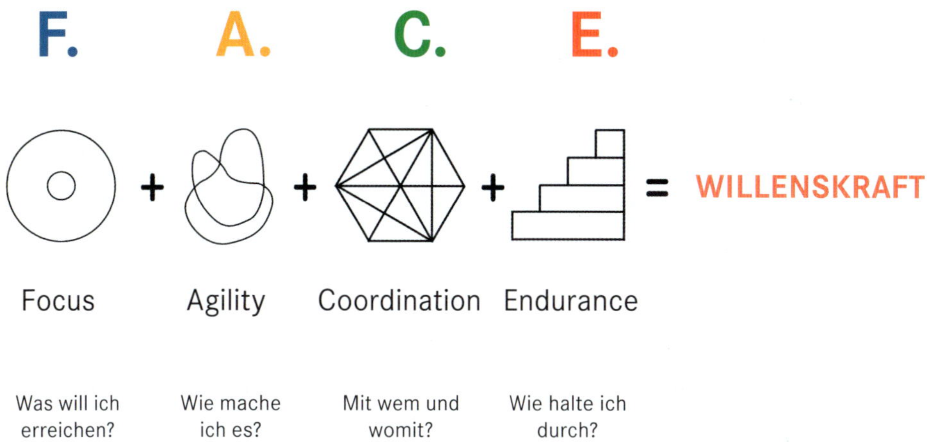

Seit Jahren begleiten wir Frauen und Männer, junge und erfahrene Menschen, die in FACE ein inspirierendes und konkretes Rahmenwerk gefunden haben.
Um mehr zu erfahren und die Herausforderung zu entdecken, die zu Ihnen passt, gehen Sie auf *www.klitschko-ventures.com*.

Kinder sind unsere Zukunft – FACE KIDS bereitet sie darauf vor

Die Methode *FACE the Challenge* erzielt große Erfolge bei Erwachsenen, daher haben wir uns als Team von Klitschko Ventures die Übertragung auf die Lebenswelt und Bildung unserer Kinder als nächstes Ziel gesetzt. Denn schon im frühen Alter lassen sich die sogenannten Soft Skills, die später im Leben unerlässlich sind, aus eigenem Antrieb erlernen und fördern.

Das aktuelle Bildungssystem bereitet die junge Generation nicht mehr ausreichend auf die zukünftigen Herausforderungen des Lebens vor, wie zum Beispiel die fortschreitende

FACE KIDS

F steht für Focus: Ziel ist es, die Persönlichkeit zu entwickeln, Emotionen zu kontrollieren, Selbstbewusstsein zu erlangen und die eigenen Stärken kennenzulernen.

A steht für Agility: Hier wird die Kreativität und Intuition gestärkt. Man lernt, die Perspektive zu wechseln und seine Umgebung selbst zu gestalten.

C steht für Coordination: Kerninhalt ist, die Verbindung von Körper und Geist zu verstehen und zu koordinieren. Vo einander lernen steht im Vordergrund sowie die Entwicklun der eigenen Selbsteinschätzung und Bündelung von Stärke

E steht für Endurance: Sein Ziel nicht aus den Augen zu verlieren, ist ein potenzieller Bestandteil dieses Schrittes. Geduld, Verlässlichkeit und Nachhaltigkeit sind wichtige Themen, die gestärkt werden, um den richtigen Weg zu finden, seine Träume zu verwirklichen.

Digitalisierung, den permanenten Wandel und die zunehmende Komplexität. Wir sehen den Bedarf nach einem neuen edukativen Ansatz, der unsere Kinder mit den nötigen Fähigkeiten ausstattet, sich in ihrem Leben zurechtzufinden, zu behaupten und glücklich zu werden. Bei FACE Kids stehen das Finden der persönlichen Stärken und die Entwicklung von Willenskraft im Mittelpunkt, um eigene Entscheidungen zu treffen.

Das Kind ist …

… sehr gut in der Selbstreflexion und verkörpert Selbstbeherrschung sowie Selbsterkenntnis.

… sehr beweglich und verkörpert Geschicklichkeit, ist präsent in der Situation.

… sehr gesellig und liebt es, unter Menschen zu sein. Es beherrscht die Kunst des Feedbacks und die Konfliktfähigkeit.

… Meister der Zeit und der Routinen. Es bleibt immer dran, feuert an und kann lange durchhalten.